0.1.2歳児 毎日できるふだんあそび 100

JN042244

こんなことしたらおもしろいかな？って わくわくする時間に！

　子どもたちは毎日飽きもせず、あそびます。それは"〇〇あそび"とは言えないようなあそびがほとんど。外に出れば、葉っぱや草花、吹いている風に心を動かし、小さな虫を見つけてはじっと観察している。友達のやっていることや、保育者の動きをじっと観察してまねしたり、段ボール箱が1つ置いてあったら、自分たちであそびを見つけ出したり……。「子どもはあそびの天才だ！」と本気で思います。

　皆さんは、どんな環境で保育をされていますか？　ビルの一室だったり、一部屋に20人もの子どもが生活していたり、必ずしもよい環境ばかりではないのかもしれない。明日の保育に悩んでしまっているのかもしれない。反対に、毎日が楽しくて、もっともっと子どもとの生活を楽しみたいと思っているかもしれません。

　この本のページをめくりながら、「どんなあそびがあるかな？」「こんなことをしたらおもしろいんじゃないかな？」「これであそんだら〇〇ちゃんきっと喜ぶはず！」と、子どもの姿を想像してわくわくした気分で明日のあそびを考えてくれたらうれしい。子どもたちと毎日生活している保育者だから、子どもの"やりたい"がわかるのだと思います。さまざまな素材にふれて"おもしろい！"と子どもの心が動くあそびは、この時期の子どもにとって、とても意味のある大事な経験です。

　「子どもとの生活は楽しい！」と思える時間を作り出すために、この本を活用してくれたらうれしく思います。

この本は「あそびと環境0.1.2歳」2016年6月号から2018年3月号までに連載された記事を基に、加筆・再構成したものです。

クレープ紙の色水あそび

0歳児　1歳児　2歳児　室内　室外

造形素材としておなじみの
クレープ紙を水につけると、
きれいな色水ができます。
絵の具を溶かした色水とは
違った透明感が、とってもきれい！
透明な容器に入れて、
光の影に心を動かされる
子どもたちに出会おう！

準備する物

● クレープ紙　● ペットボトル
● ビニールテープ　● 水

ペットボトルにクレープ紙と水を入れてふたをします。
クレープ紙の色があっという間に水に溶けて、色水の
出来上がり！　ふたには誤飲を防ぐため、多用途接着
剤を付けてからビニールテープを巻き留めましょう。

きれいな色水の入った
ペットボトルは、並べ
てみるのも楽しい。

色水を通して
見える世界は
不思議！

ペットボトルを横にして重ねてみる。

クレープ紙の色水に
光が当たると、とってもきれい。
透明の容器で作って、
窓辺などに置いておくのも
いいですね。

地面に映る色の影
にも気づくかな？

色が混ざって
見える？

配慮
ポイント

誤飲に注意！

　きれいな色水は、ジュースみたいで、思わず飲みたくなって
しまう子も。ふたの内側に多用途接着剤を付けて、しっかりと
閉めた上にビニールテープを巻いて、開かないように注意しま
しょう。また、あそぶときは保育者がついていることが必須です。

コーヒーフィルターの にじみ絵あそび

水でぬらした窓に、
色をつけたコーヒーフィルターをペッタン！
窓に光が当たると、
カラフルなコーヒーフィルターがきれいです。
1歳児から楽しめる造形あそび。

準備する物

● コーヒーフィルター
　※白い物。はさみで半分（1枚になるよう）に切っておく。
● 水性フェルトペン
● 霧吹き　● 水

1 保育者が、コーヒーフィルターに
水性フェルトペンで描いてあそび
始めます。見ていた子どもたちが
自分でもやりたそうにしたら、フェ
ルトペンを渡します。「ぼくもやっ
てみたい」という気持ちを大切に！

2 コーヒーフィルターに水性フェルトペン
で自由に描きます。どんな絵でも大丈夫。
何枚も試してみたくなるはずです。

3 霧吹きに水を入れ、窓に
たっぷりと吹き付けた所に、
②のコーヒーフィルターを
はります。水性フェルトペン
のインクがにじんできれい。

色水のシロップで かき氷あそび

0歳児 **1**歳児 **2**歳児 室内 室外

カップに入れたフラワー紙やティッシュに、
色水のシロップをかけたら、
小さな子どもたちは「かき氷」に見立てて
あそび出すかも！
2歳児なら、「はい、どうぞ」とお店屋さんの
やり取りも楽しめますね。

準備する物

● **カップ**（ゼリーの透明カップなどの空き容器）
● **フラワー紙**（またはティッシュ）
● **色水をすくう物**（スプーン、レンゲ、洗剤用の
　スプーンなど）
● **色水**（絵の具を水で溶いた物）

季節を楽しむあそび

春 夏 秋 冬

1 カップにフラワー紙やティッシュ
を丸めて入れます。

2 スプーンなどで色水をす
くってかけます。真剣な顔
で繰り返します。

配慮ポイント

**材料は
バラエティに富んだ物を
用意して**

カップやスプーンなどは、い
ろいろな大きさ、形の物を用意
して、子どもが好きな物を選ん
で使うようにすると、何に気づ
くかな？　スプーンの大きさに
よって2杯かけたほうがよかっ
たり、洗剤用のスプーンだと、
1杯でも多すぎたり……。

※色水を口に運ばないよう注意して
　見守りましょう。

子どもたちは「かき氷」以外の物に見
立ててあそぶかもしれません。子ども
の声に耳を傾けて！

絵の具とペットボトルで シェイクあそび

0歳児 1歳児 2歳児 室内 室外

準備する物

- ●絵の具
- ●ペットボトル
- ●水

ふたの内側につけた絵の具がだんだん溶けて、
水の色が変わっていくのを楽しみます。
色がわかってきて、その不思議に気づく
2歳児におすすめ！

1 保育者がペットボトルのふたの内側に絵の具をつけておき、子どもが好きな色の入ったふたを選びます。

何色がいい？

わあ、
あかい！

2 水の入ったペットボトルにふたをして、シェイクします。

配慮ポイント

**大きいペットボトルでの
シェイクにも挑戦！**

子どもがシェイクするには500mℓくらいが適当ですが、慣れてきたら、1ℓのペットボトルをシェイクするのにも挑戦してみましょう。重くて大きいので、振るのに工夫が必要で、楽しいあそびになります。その場合、水の量は、無理がないように加減してください。

色水の ブレンドあそび

色水作りをたくさん楽しんだ後は、
色水同士を混ぜる「混色」にチャレンジ。
めちゃくちゃに混ぜるのも楽しいけれど、
「色が混ざって別の色になる」ことを感じてほしい!
また、「スプーンを使う」というルールを決めるだけで、
きっと子どもたちの真剣なまなざしに出会えます。

準備する物

● ペットボトル
● 色水をすくう物 (スプーン、レンゲなど)
● 色水 (絵の具を水で溶いた物)
● 色水を入れる容器 (洗面器、たらいなど)

1 色水をスプーンなどで
すくってペットボトルへ。

2 次に別の色水を選んで、
入れてみます。

3 ペットボトルのふたをして
振り、色水を混ぜます。

1 作った色水を洗面器などに入れ
て、混色にチャレンジ。

2 色の変化を楽しみます。時には、子ども
の気持ちを代弁するのも大事。

> 色が変わったね。
> 何色に
> なるのかなあ?

配慮ポイント

自分で
気づくことを
大切に

　何色と何色を混
ぜるのかを保育者
が決めてしまわず
に、子どもが自分
で色を選んで混ぜ
るようにして、子ど
もが「あっ」と思う
瞬間を受け止めて
あげたいですね。

紙コップを崩して、積んで、並べてあそび

0歳児 1歳児 2歳児 室内 室外

手に入りやすい紙コップをたくさん用意して、
みんなであそべるようにしましょう。

準備する物

● 紙コップ

崩してあそぶ

保育者が積んでくれた物を倒すことを繰り返すのがうれしかったり、自分で高く積んで、一気に崩してみるのが楽しかったり……。

積んだ紙コップを一気に崩すのが楽しい！

配慮ポイント

言葉かけに気をつけて

　例えば、子どもが黙々と並べるあそびをしているとき、何気なく「電車みたいだね」「ヘビさんみたいね」などと言葉かけをしていませんか？　大人が見立てた、こんな言葉かけは余分です。「長いね〜」「いっぱい並べたね」と、子どもたちの「並べたい気持ち」に寄り添った言葉かけを心がけましょう。

積んであそぶ

同じ大きさの紙コップをどんどん積んであそびます。たくさん積んで、高くなるのがおもしろい。

高くなってきたら、立ち上がっちゃう。

並べてあそぶ

たくさんの物を1列に並べるあそびにはまる時期があるもの。たくさんの紙コップを用意して、「たくさん並べたい」気持ちを受け止めたい。

　たくさん並べて満足げに見る。

今度はその横に色付きの紙コップを並べてみる。

さらに、並べた紙コップに色付きの紙コップを帽子みたいに重ねてみる。

紙コップの　当てっこあそび

0歳児　1歳児　**2歳児**　室内　室外

準備する物
● 紙コップ

2個の紙コップのどちらかに、丸めたフラワー紙などを入れて、「どっちにはいってるか？」と当てっこをするあそびです。

保育者とあそんでいるうちに、自分でやりたくなるはず！

どっちにはいってるか？

こっちでした〜

わあ、こっちだったぁ

9

米粉の感触あそび

0歳児　1歳児　2歳児　室内　室外

ビニールシートを広げて、
その上に米粉を出してみましょう。
さらさらした感触に子どもたちが
どう反応するか楽しみですね。
子どもたちにとっては、手や服が白くなるのも不思議。
小麦アレルギーの子も米粉なら大丈夫です。

準備する物

● 米粉
　※米粉には、小麦グルテン入りの物もあるので
　　注意しましょう。

● ビニールシート

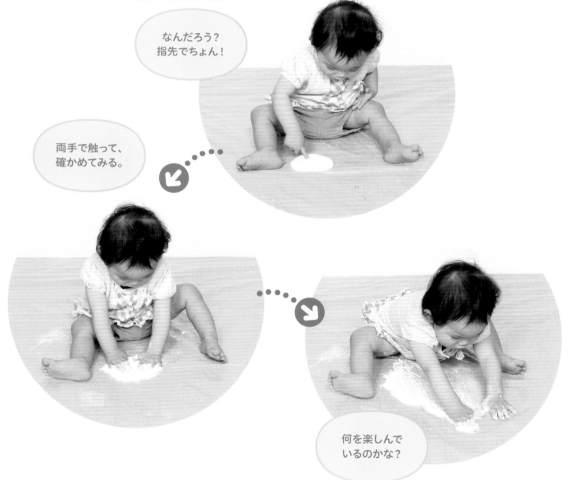

なんだろう？
指先でちょん！

両手で触って、
確かめてみる。

何を楽しんで
いるのかな？

水を加えた米粉の感触あそび

準備する物

- ● 米粉
  ※米粉には、小麦グルテン入りの物もあるので注意しましょう。
- ● 水 ● 食紅 ● ボウル・バットなど

米粉に色をつけたいときは、口に入れても安心な食紅がお勧め。スーパーなどで入手可能。ほんの少しでしっかり色がつき、混色もできます。

米粉に水を多めに加え、どろどろにしても。タプタプする独特の感触が味わえるはずです。しばらくあそんだら、食紅を加えて、色が混ざっていくのを見てみましょう。

ポッタンって
落ちるよ。

赤い食紅を
入れたら……。

配慮ポイント

**子どもが夢中になっているときは
静かに見守ろう！**

子どもたちが夢中になっているときは「何ができた?」「おだんごだね」などと質問したり、決めつけたりしないで、子どもが心を動かされているのは何かを静かに見ることも大事です。

11

米粉粘土あそび

米粉300gに対して水約250mlを加えて練ると米粉粘土になります。
軟らかい感触に子どもたちは、驚いてあそび出すでしょう。
触らない子がいても無理をさせないで、
見ているだけでも大丈夫と伝えます。

準備する物

● 米粉
※米粉には、小麦グルテン入りの物もあるので
注意しましょう。
● 水
● ボウル・計量カップ

ぎゅ〜

ころころころ……
何が
できるかな？

季節を楽しむあそび

春
夏
秋
冬

12

米粉粘土を焼いてあそぶ

準備する物

- ● **米粉**
  ※米粉には、小麦グルテン入りの物もあるので注意しましょう。
- ● **水**
- ● **ボウル・計量カップ・オーブントースターなど**
- ● **絵の具と筆**

平たくした米粉粘土をオーブントースターで焼いて、
絵の具を塗って色をつけると、おせんべいみたいになります。
何に見立てるか、子どもたちの声に耳を傾けて！

左の白い物が、オーブンで焼いた物。色を塗ると、おいしそう！

小袋に入れたら、本物のお菓子みたい！ お店屋さんごっこの品物にしてもいいですね。

※子どもが食べてしまわないよう見守りましょう。

おしょうゆ
ぬってるの

紙パックの パーテーションあそび

 室内

紙パックをつないで簡単にできるパーテーション。
あそびの場を仕切って、一人であそんでいる子のスペースを保障する、
少し大きい子では、友達と一緒に、お風呂やおうちに見立ててあそぶ……。
なかなか働き者のグッズです。

準備する物

● 紙パック
● 新聞紙
● ガムテープ

自分だけの 安心できる場所

あそんでいる場所を
キープ。

子どもたちには、自分の場所がある
ことがとっても大事。紙パックの囲
いがあることで、落ち着く空間に。

僕だけの場所！

ここなら大丈夫、と
おもちゃを集めて。

紙パックのパーテーションの作り方

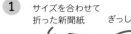
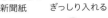

1 サイズを合わせて
折った新聞紙

ぎっしり入れる

または

切り
込む

長さを合わせて折り畳んだ
紙パック5枚くらい

2 ガムテープではり留
める

①

3 ※全体に布をはると
きれい

開いて、それぞれ
ガムテープではる

②

並べてガムテープでしっか
りとはる（20本くらい）

みんなで見立てあそび

お風呂の縁に、
カップを
並べてみました。

お風呂やおうちに見立てて、みんなで入っ
たり、出たりしてあそぶのも楽しい。子ども
がまたいで入れる高さなのもいい。

みんながどんどん
入ってきて、
お風呂は満員！

配慮
ポイント

子どもが安心できる
空間をどう保障すると
いいのかを考えよう

　一人の空間を保障するの
は園では難しいかも。子ども
が安心できる空間をどう保
障するといいのか、みんな
で意見を出し合って考える
ことを大事にしたいですね。

泡＆色水あそび

ペットボトルに水と洗剤を入れてシェイクし、泡を作るあそびです。
できた泡を色水に載せて、ソーダ水などに見立ててあそぶこともできます。
そこからの発展も楽しみ！

※洗剤の扱い、誤飲には十分注意し、見守りながらあそびましょう。

準備する物

● ペットボトル
● 洗剤
● 透明コップ
● 水
● 色水

1 ペットボトルに水と洗剤を
少し入れてシェイクします。

> わあ、
> ぶくぶく
> いっぱ〜い！

シャカシャカ

配慮ポイント

あそびの準備は、子どもの人数や興味に合わせて

あそぶ場所、ペットボトルや洗面器、たらいなどの数や大きさ……。子どもの人数や興味に合わせて準備します。あそびが始まってから、数が足りないなどと慌てないようにしたいですね。

2 色水の上に泡を載せると、ソーダ水
やビールに見えます。

> いいよ

泡が浮くのが不
思議。子どもたち
は何に見立てる
かな？

> ジュースみたい。
> かんぱいしよ

泡あわあそび

ペットボトルでシェイクしてできた泡を、
たらいや洗面器に入れたら、洗濯ごっこに発展できるかも！
きれいになった洗濯物を干すところまで想定して準備しましょう。

準備する物

- ● ペットボトル
- ● 洗剤
- ● たらいや洗面器
- ● 洗濯ロープ（ひも）
- ● 洗濯ばさみ
- ● ハンカチ
- ● 水

1 16ページのように、シェイクして
できた泡を、たらいや洗面器に入
れて洗濯ごっこ。

汚れた
ハンカチを
洗おう！

ゴシ
ゴシ

泡を
たくさん作って、
洗面器に

2 きれいに洗った洗濯物を、
ぎゅ〜っと絞って保育者に
渡します。洗剤が残ってい
ないか、保育者が確認。

ぎゅ〜っ

3 きれいになった洗濯物
を干せるかな。

子どもが自分でやろうとする姿
を見守ります。水がポタポタ落
ちる絞り方でOK！

※ テラスや園庭では子どもが滑らないよう
に配慮しましょう。

17

CONTENTS & SEARCH （検索もくじ）

対象年齢や室内・外のあそびから逆引きできる索引付きです。

子どもの「○○したい！」をかなえるあそび

		0歳児	1歳児	2歳児	室内	室外	春	夏	秋	冬
56	**たたくあそび**									
56	手をたたく	●	●	●	●		●	●	●	●
57	体のあちこちをたたく		●	●	●		●	●	●	●
58	いろいろな物をたたいてみる	●	●	●	●		●	●	●	●
59	ドラムサークルに挑戦する			●	●		●	●	●	●
60	**まねるあそび**									
60	食べるまねしてあそぶ	●	●	●	●		●	●	●	●
61	3びきのこぶたごっこ			●	●	●	●	●	●	●
62	忍者になりきってあそぶ			●	●		●	●	●	●
63	消防隊員になってあそぶ		●	●	●		●	●	●	●
64	**見て見て！あそび**									
64	リズムに合わせて「おもちゃのチャチャチャ」	●	●	●	●		●	●	●	●
65	鳴らすの楽しいマラカスを作る		●	●	●		●	●	●	●
66	舞台に上がって楽器であそぶ		●	●	●		●	●	●	●
67	歌に合わせて楽器であそぶ		●	●	●		●	●	●	●
68	ペロペロキャンディーを作る		●	●	●		●	●	●	●
69	キャンディー屋さんであそぶ			●	●		●	●	●	●
70	**イメージあそび**									
70	バンダナでお母さんになる		●	●	●		●	●	●	●
71	不織布の帽子で動物になりきる	●	●	●	●		●	●	●	●
72	吸盤を何かに見立ててあそぶ		●	●	●		●	●	●	●
73	トンネルをくぐってあそぶ		●	●	●		●	●	●	●
74	**描くあそび**									
74	大きな紙に描く	●	●	●	●		●	●	●	●
75	シチュエーションを変えて描く		●	●	●		●	●	●	●
76	いろいろな紙に描く		●	●	●		●	●	●	●
77	段ボール箱に描く		●	●	●		●	●	●	●
78	段ボール板のつい立てであそぶ		●	●	●		●	●	●	●
79	描くコーナーで自由に描く		●	●	●		●	●	●	●
80	マイノートを作る			●	●		●	●	●	●

季節を楽しむあそび

		0歳児	1歳児	2歳児	室内	室外	春	夏	秋	冬
81	季節は体で感じよう！									
82	花や草を飾って、匂いに気づくかな？	●	●	●	●		●	●	●	
83	お昼ご飯や干した物は、どんな匂い？		●	●	●		●	●	●	●
84	匂いを閉じ込めたら、どんな匂いがするかな？		●	●	●		●	●	●	●
85	匂い探しもおもしろいかな？			●	●	●	●	●	●	●
86	雨の音を聴いてみよう	●	●	●	●			●		
87	外に出て雨を感じよう		●	●	●	●		●		
88	ポリ袋に水を入れて触ってみよう	●	●	●	●			●		
89	触ってピチャピチャしてみよう	●	●	●	●	●		●		
90	乾いた地面に水をまいてあそぼう		●	●		●		●		
91	ホースで作ったトンネルや川であそぼう		●	●		●		●		
92	シャワーであそぼう	●	●	●		●		●		
93	氷の不思議を感じよう	●	●	●	●					●
94	音を探そう！　どんな音がするのかな？	●	●	●	●		●	●	●	●
95	音を感じて動いてみよう		●	●	●		●	●	●	●
96	うちわの風を感じよう	●	●	●	●			●		
97	風で動くことを楽しもう！		●	●	●			●		
98	落ち葉の上を歩いてみよう		●	●		●			●	●
99	枯れ葉の音を耳を澄まして聴いてみよう		●	●	●				●	●
100	枯葉の音に気づくかな？		●	●	●				●	●
101	拾ったどんぐり、どこに入れる？		●	●	●				●	●
102	どんぐりを転がしてみよう			●	●				●	●
103	紙粘土に自然物を埋め込もう		●	●	●				●	●
104	寒くても散歩にGO!!	●				●				●
105	触って冷たさを感じてみよう！		●	●	●					●
106	冬ならではの物を探してみよう		●	●	●					●
107	しっぽ取りあそび	●	●	●	●	●				
108	おにごっこであそぼう		●	●	●	●				●
109	いつもとちょっと違う散歩		●	●	●	●				
110	「大きくなった」を探そう	●	●	●	●	●				
111	春の野原作りで卒園・入園の装飾をお手伝い		●	●	●		●			

【季節を楽しむあそび】

● 対象年齢と
　場所

あそびが楽しめる子ども
の対象年齢（クラス）、
あそびに適した場所の
目安を表示しています。

● 季節

あそびに適した季節の
目安を表示しています。

● 配慮ポイント

気をつけたいことやアドバイ
スなど、あそびのポイントを
示しています。

この本の使い方

● ふだんの姿

子どもたちのふだんの姿の
例を挙げています。こんな姿
が見えたら……あそびの提
案の目安にしてください。

● 作り方

提案したあそびのための
グッズの作り方を説明してい
ます。作るときの参考にして
ください。

【子どもの「○○したい！」をかなえるあそび】

すべてのあそびは、誤飲や転倒などのけがに十分注意し、
保育者の見守りのもと行いましょう。

子どもの「○○したい！」をかなえるあそび

― 子どものあそびを見つめよう ―

　０・１・２歳の子どもたちって、自分のできるようになったことは全部やってみようとします。例えば、歩けるようになるときには、転んでも、転んでも、にこにこ笑って立ち上がり、また歩きはじめる。指先が使えるようになったら、小さなホコリをつまもうとする。開ける、押す、たたく、跳ぶ……、次から次へとできるようになっていく半面、力の加減がわからなかったり、思うようにできなくて泣いたりすることもしばしば。子どもたちの切ない気持ちに寄り添いたいけれど、小さい子ほどトラブルやけが、命にまでかかわりかねないことの連続だったりします。仕方なく「それはだめ」「危ない！」と子どもの目の前から危ないものを遠ざけて、あそぶときだけ目の前に出すということになってしまいがちになり、日々悩むということはありませんか？

　子どもたちが「やりたい！」と思っていることはできる限りやらせてあげたいし、子どもの主体性を大事にしたいという思いはたくさんあると思います。ここでは子どものしたい気持ちをあそびに変えて、こんなあそびを用意してみたらどうかなと、紹介しています。

　それはごっこあそびだったり、生活に密着したあそびだったり、あくまでもヒントなので、目の前の子どもをよく見てアレンジしてみるのがよいと思います。少しでも子どものしようとする気持ちを尊重して、子どもと気持ちや言葉のやり取りができるようにかかわると、保育がもっと楽しくなると思うのです。大事なのはあそばせることではなく、一人一人の子どものあそびをじっくり観察し、そのおもしろさに気づくことだと思っています。

押すあそび

おもちゃの箱や積み木を、
一生懸命押している子を見かけます。
だんだんスピードもアップしてくるとうれしそう。
でも、ちょっと危ないなと感じたとき
「危ない！」と声をかけてしまわないで、
「危なくないあそびにするにはどうしたらいいかな？」と
考えてみることが大事です。
保育者が集まって、みんなで考えるといいアイディアが
浮かぶかも。少しの工夫で楽しい時間に。
"おもしろかった"と思うとき、子どもたちは、
ちょっと大きくなる気がします！

動きが活発になってきた。
安全には
十分気をつけないと
いけない……。でも、
押したり、引っ張ったり
したい気持ち、
どうしたらいいかな？

いたかったね！

洗面器を押す

0歳児 **1**歳児 **2**歳児 **室内** 室外

100円ショップでも売っている洗面器は、
中におもちゃなどを入れて、
重さを調整できるスグレモノ。
安くて、1人に1個ずつ、たくさんあっても
重ねて収納できます。
重しとして、ペレット入りの枕を使うのもお勧め。
重しがあると、押したときに
洗面器が持ち上がらず、安定します。
なぜか重たい物を持ちたがる子どもたちにも
ぴったりです。

● **腕は？**
伸びている、伸びていない？ 腕の力がついてくると、ぴんっと伸ばして押すことができるようになってきます。

● **足は？**
足の親指で床を蹴っている？ それとも膝が床に着いている？ 押すあそびの回数を重ねるとその姿がどう変わっていくのか、歩行の成長などに結びついているのか、子どもの自分で成長していく姿を捉えたい。

持つ所は？
洗面器のどこを持つかが、あそび込むうちに変わっていきます。どの部分がいちばん押しやすいのか、子ども自身が気づいていくことも「学び」ですね。

洗面器をいろいろな物に見立てたり、まねっこしたり、あそびもいろいろな形に広がります。

● 宅配便屋さん

洗面器に荷物を載せて、いろいろな所に届けるあそび。重しの「枕」をお米の袋に見立てて届けてくれる「お米屋さん」も出現。

今度はお米届けてくれる？

ありがとう

はい、ど～ぞ

● マイカーでドライブ

洗面器を車に見立てて、乗り込み、子どもたちそれぞれのスタイルで移動します。ガソリンスタンド役になってみたり、タクシーになったり、あそびはどんどん広がります。

ピーピー、バックします

ズリ ズリ

オーライオーライ。洗車しますか？サービスしますよ

子どもの「○○したい！」をかなえるあそび

押すあそび

手作りのグッズを押す

0歳児 1歳児 2歳児 室内 室外

子どもたちの「押すあそび」を見て、ほかにもふさわしいおもちゃを考えました。
身近にある紙パックに、しっかり詰め物をして作ります。重くて、押したときに持ち上がることがないので、
「押すあそび」初心者の子どもでも安心してあそべます。

作り方

紙パックなら
5〜6本分を
折って
入れる

4か所
切り込みを入れる

新聞紙なら
見開き15〜20枚を
紙パックに合わせた大きさに折って入れる

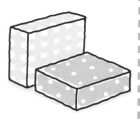

1 紙パック3本をきれいに洗って乾かし、紙パックや新聞紙を詰める。

2 切り込みを入れた部分を折って、ガムテープで留める。

3 2の紙パックを3本並べてガムテープで巻き留める。

4 さらに布をはったり、キルティング布などで作ったカバーに入れると丈夫になる。

●押す、載せる、乗る、いろいろあそべる！

子どもたちは、紙パックの「押すおもちゃ」をいろいろなあそび方で楽しみます。物を載せたり、自分が乗ったり。立ててまたがると楽しいことも発見！　次は何に見立てるのかを見ているだけで保育者もわくわくします。

子どもの「〇〇したい！」をかなえるあそび

押すあそび

●ピクニックあそび

「押すおもちゃ」に乗って集まったら、一緒にピクニックに出掛けよう！　と保育者も一緒に楽しみます。目的地（？）に着いたら、持ってきたおもちゃを並べてランチタイム。食べ終わったら、またそれぞれの「押すおもちゃ」に乗って帰ります。

配慮ポイント

子どもの気づきを見守って

おもちゃなどを載せて押すことを楽しむときに、載せる物や置き方によっては、すぐに落ちてしまいますが、押すスピードを加減することで落ちにくくなることなども、あそびながら気づくかも。

はがすあそび

名前が書いてあるシールの角や、
おもちゃをしまう場所を示すマークのシールの端が、
いつの間にかめくれている。
それも、かなりぴったりはられていたはずの物が……。
指先が使えるようになった子どもたちは自分の力を
ちゃんと知っていて、はがせる物ははがしだす！
そんな姿は保育者にとっては困ることも。
そんなときは、こんなあそびはどうかな。

マスキングテープや 養生テープをはがす

0歳児 **1歳児** **2歳児** **室内** 室外

床に短く切ったマスキングテープや養生テープをはると、
小さな指先で、粘り強くはがす姿が見られます。長さや
種類の違うテープをはっておくと、子どもたちはどれを
選ぶかな？　子どもの姿を見て、テープの長さや種類を
いくつか用意してみます。

養生テープ

建築や引っ越しの際に、作業
での汚れなどを防ぐための
テープ。緑色や白のポリエチレ
ン製の物が多い。粘着力があ
まり強くなく、はがしやすい、
付けた所を汚さず、きれいに
はがれるという特徴がある。

マスキングテープ

元来、塗装などで色を塗ると
きに、塗ってはならない所に
はってカバーするためのテー
プ。物を接着するためのテー
プではなく、「カバーする」た
めの仮留めテープなので、その
「粘着力の弱さ」が特徴。最近
では文房具として、かわいい
デザインの物がたくさん売ら
れている。

※誤飲に注意して見守りましょう。

ステンドカラータックや ビニールテープをはがす

● 窓にはって

子どもたちがはがすことを十分に楽しめるように、いろいろな大きさ、色、形のステンドカラータックを、高さを考えてはってみます。はがすだけではなく、そこからのぞいて、色の不思議さを発見する子もいるはずです！

ステンドカラータック

窓を装飾するためのシート。接着剤ではなく、軟らかい素材がガラス面に密着することでくっつくため、付けたりはがしたりが自在。色も各色あり、透明感があって光を通すので、窓にはっても暗くならず、ステンドグラスのような効果がある。

あか!!
あか!!

ビニールテープ

ポリ塩化ビニル製のテープ。丈夫で、粘着力が強く、ある程度は伸びるので、立体物やカーブの所にもはりやすい。色は多色でカラフルにそろっている。床や窓にはっても、きれいにははがれるので、床に目印を付けるのに便利。長い間はっていると粘着部分がべたべたして、はがしても跡が残ることがある。

● 缶などにはって

少し大きくなった子は、キャンディーなどのお菓子が入っていた缶に、ビニールテープをはった物をはがすことも楽しめます。もう片方の手で押さえていないと、うまくはがせないことに気づくはず!!

配慮ポイント

テープの特徴を知って！

テープにはいろいろな素材でできた物があり、はる所や物との相性もあって、はがしやすい、はがれにくい、はがれない場合が出てきます。知らずに使って壁の塗料がはがれたりと、大変なことにならないようにテープの特徴はしっかり押さえておきましょう。

いろいろな物をはがす

子どもたちが何をおもしろがっているのかを捉えて
一人一人の子のあそびに合わせた言葉かけができるといいですね。
テープの長さやはる場所をいろいろ変えてみるのもいいと思います。

● 長〜いテープをはがす

長〜く切った養生テープやマスキングテープを
保育者が床にはって、子どもたちがはがします。はがした後の「長〜いテープ」の状態に気づいたり、はがしたテープにくっついてきた物に気づいたり……。さらに、マスキングテープでは、はがす力の加減によって、ちぎれてしまうことに気づく子もいるかもしれません。

どのくらいにする？

もっと〜

そ〜っと

ちぎれちゃった

じょりじょり
いうよ〜

● リクエストに応えてもらってはがす

子どもたちから、「ここにはって！」というリクエストが出てきたら、それに応えてあげるのもいいですね。はる場所によるはがしやすさなど、子どもたちの小さな発見を大事にしたいですね。

みて〜！！
こうちゃんとやった〜！！
なが〜い！！

配慮ポイント

手で切れて便利なテープ

養生テープやマスキングテープは、手でちぎることができるので、子どもと一緒に活動するとき、はさみを使わなくて済みます。

子どもの「○○したい！」をかなえるあそび

はがすあそび

面ファスナーを はがす

面ファスナー（硬いほう）が付く布でボードを作り、面ファスナーをはがしたり、くっつけたりしてあそぶことができます。
いろいろな場所にはった物を「はがす」経験を重ねるうちに、
今度は「はる」ことに興味をもった子どもたちの「はりたい」気持ちを満たせるよう工夫していきます。

丸、四角、三角などのシンプルな形をはがしたり、くっつけたりしているうちに、おもしろい形が見つかるかもしれません。

青い面ファスナーが付く布で作ったボードに、魚や海の生き物を描いた面ファスナーを付けても。

作り方

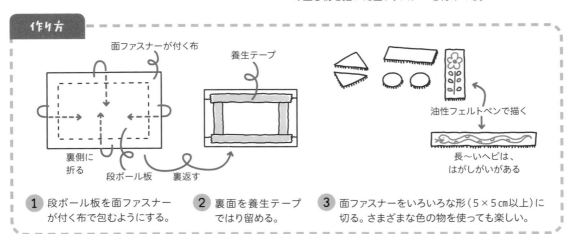

面ファスナーが付く布

裏側に折る

段ボール板

裏返す

養生テープ

油性フェルトペンで描く

長〜いヘビは、はがしがいがある

1 段ボール板を面ファスナーが付く布で包むようにする。

2 裏面を養生テープではり留める。

3 面ファスナーをいろいろな形（5×5cm以上）に切る。さまざまな色の物を使っても楽しい。

子どもの「○○したい！」をかなえるあそび

はがすあそび

31

集めるあそび

重い物を持ったり、
バッグの中にぱんぱんに詰め込んだり、
手に持ちきれないほど同じ物を持っていたり……。
子どもたちは、いろいろな物を
集めることが大好き。
たくさん持つのが楽しいのかな？
重さを楽しんでいるのかな？

重たくないの？

たくさん持てたり、
大きい物や重たい物が
持てたりすると、
子どもたちは楽しい？
うれしい？

新聞紙をちぎって集める

 **0**歳児 **1**歳児 **2**歳児 室内 室外

それ!!
わ〜!
バタバタ

新聞紙を思い切り破いたり、ちぎったりしたら、
子どもたちはどんなふうにあそぶかな。
雨に見立てて降らせたり、海に見立てたりすると、大喜び！
ちぎった新聞紙で思う存分あそんだら、今度は集めるあそび。
服の裾をまくって、新聞紙を集めたり、四つばいになって、
ショベルカーみたいに集めたりするかもしれません。
子どもたちの集め方はいろいろです。
集めること自体を楽しみます。

ポリ袋に新聞紙を集めたら、ボールに
して蹴ったり、担いだり、転がしたり、
あそび方はいろいろ。

ぎゅ〜
おだんご〜！
はい

いっぱい集めたね。
ありがとう

木の実や小枝を集める

0歳児 **1**歳児 **2**歳児 室内 **室外**

お散歩で見つけたどんぐりやマツカサ、
葉っぱや小枝を拾い集めるのは
楽しくって大好き！
ポリ袋は透明で
何が入っているかよく見える
スグレモノですが、
手作りのお散歩バッグを作って
持って行ってもいいですね。
自分で作ったバッグに入れるだけで
とってもうれしそうです。
意外な物を拾ってきて
驚かされるかも！

集めた物を入れる物

●かご　●空き箱　●ポリ袋

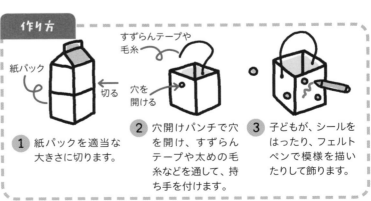

子どもの「○○したい！」をかなえるあそび

集めるあそび

配慮ポイント

下調べを忘れずに！

散歩コースにどんぐりの木があるかなど、あらかじめ下調べをしておけるといいですね。誤飲に注意してあそびましょう。

作り方

紙パック
↓
切る

すずらんテープや毛糸

穴を開ける

1. 紙パックを適当な大きさに切ります。

2. 穴開けパンチで穴を開け、すずらんテープや太めの毛糸などを通して、持ち手を付けます。

3. 子どもが、シールをはったり、フェルトペンで模様を描いたりして飾ります。

※手作りバッグの作り方は、いろいろ工夫してみてください。

33

絵本を集める

保育室の絵本をたくさん並べてあそぶ子がいます。
集める、並べる姿は認めたい。
そこから絵本屋さんに発展すると楽しいかも！
たくさん買って重いのを頑張って運んで、
保育者と一緒に読んだら、
また次の絵本を買いに行きます。

いっぱいあるよ〜

たくさん。
おも〜い

読んだから
新しい本
買ってくる？

うん！

せんせ〜
よんで〜

保育者に読んでもらえるの
が、きっとうれしい。

子どもの「○○したい！」を
かなえるあそび

集めるあそび

34

ペットボトルを集める

0歳児　**1**歳児　**2**歳児　室内　**室外**

園庭やテラスで、たくさん集めたペットボトルに水を入れて。
子どもたちは運んだり、並べたりするのが楽しい。
たくさん並んでいるのを見たら、
お店屋さんごっこに発展するかも！

くださ〜い

いらっしゃ〜い！

また
くださ〜い

お花に
お水
あげようか

外に運んで
お花の水やりに！

配慮ポイント

持てるサイズでたくさん用意

ペットボトルは350〜500mℓくらいの大きさの物に水を入れて、たくさん用意しておきます。2ℓの物を用意しておいて、「持てない」という体験をするのもありです。

子どもの「〇〇したい！」を
かなえるあそび

集めるあそび

宝探しごっこで集める

小さなカラーソフトボールや
玉入れの紅白玉を保育者が部屋のあちこちに隠して、
子どもたちと探して集めます。
ボールを入れるバッグや、
ポリ袋を用意するのもいいですね。

ボールを隠すけど
探せるかな？

さがす～

あった!!

どこかな?!

子どもの「〇〇したい！」を
かなえるあそび

集めるあそび

配慮ポイント

隠す物の数や場所を考えて

　隠した物を同時に見つけたり、数が足りなかったりするとトラブルになることもあるので、隠す物の数や隠す場所もよく考える必要があります。

ハンカチめくって宝を探す

ハンカチの下に、
ふだんあそんでいるおもちゃや使っている物を隠し、
子どもたちはハンカチをめくりながら宝探しをします。

詰めるあそび

あっ、あんな所に！
おもちゃが足りないな〜
と思ってたら……。
○○ちゃんだったのかあ

棚にはちゃんとおもちゃが並び、
ポットン落としのおもちゃだってあるのに、
小さな隙間を見つけては、
真剣な顔でおもちゃを落とす子どもたち……。
それなら、子どもたちのやりたいことで
あそべるように
ちょっと考えてみるのもいいかも。

かごの穴に詰める

0歳児　1歳児　2歳児　室内　室外

子どもの「○○したい！」をかなえるあそび　**詰めるあそび**

穴がたくさんあるかごなど、
入れたくなる物を用意。
「入れてごらん」って言ってしまわず、
子どもたちの様子を楽しもう！

新聞紙を
丸めた棒

あーちゃんも

あった！
あった！

38

いろいろな容器に詰める

● ペットボトルに詰める

ちぎったフラワー紙を、ペットボトルの口からどんどん詰めていきます。いろいろな色のフラワー紙を使ってカラフルにしてもいいですね。

> 一人一人違うわ〜

配慮ポイント

素材はさまざまな物をたっぷり用意

フラワー紙の色や量をさまざまにすると、一人一人違った作品ができておもしろいです。

● 透明カップに詰める

ちぎったり、丸めたりしたフラワー紙をゼリーなどの透明カップにどんどん詰めてあそびます。1・2歳児ならお皿にでんぷんのりを用意して、フラワー紙をのりに付けてから詰めます。乾いてからカップから出すと、カップ型のオブジェが出来上がります。

> のり、付けてみようか？
> うん
> ぎゅう〜

作り方

1. 丸めたフラワー紙 / でんぷんのり
2. どんどん詰める
3. 乾くとカップ形に！

乾かす

段ボール箱の穴に詰める

穴を開けたり、ちょっとした仕掛けを作ったりした段ボール箱を用意してみるといいかも！
いくつかのバージョンを用意すると、新しい発見をする子どもたちに出会うかも。

●ふたが開いているバージョン

上からも横の穴からもおもちゃを入れられ、穴からおもちゃを差し込んでいる様子を上から観察できます。おもちゃを入れたら取り出すこともできるので、自分で出し入れして楽しめます。

配慮ポイント

入れる物を想定した穴

保育室にある絵本の幅やボール、積み木などの大きさを想定して作っておきましょう。これは入らないだろう、という物も置いておくとおもしろいですね。

あった

ふたを切り取り、側面にいろいろな形の穴を開けた段ボール箱。

ガタゴトしたね〜

なにかはいってる！

ゴト！

ガタ！

あった！

●ふたが閉まっているバージョン

穴におもちゃを入れたら、「どうなったのかな？」といろいろな方法で確かめるかな？　穴を小さめにしておくと、おもちゃが取り出せないので、たくさん入れたらおもちゃが「なくなってしまう！」ということにも気づくはず。

ふたを閉めて留め、側面にいろいろな形の穴を開けた段ボール箱。

子どもの「〇〇したい！」をかなえるあそび

詰めるあそび

40

コロコロボックスで あそぶ

箱の中に斜めに段ボール板を取り付けると、
入れたおもちゃがコロコロと転がり出てきます。
入れると下から出てくるので、
子どもたちはびっくりすること間違いなし。

子どもの「○○したい！」を
かなえるあそび

詰めるあそび

作り方

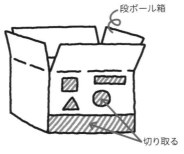

段ボール箱

切り取る

1 段ボール箱に、おもちゃを入れる穴
と出口を切り取る。

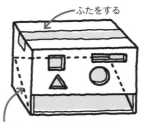

ふたをする

段ボール板を斜めにしてはる

2 箱の中に段ボール板を坂になるよう
に斜めに固定し、ふたを閉める。

41

透明ホースに詰めてあそぶ

さまざまな長さに切った透明のホースとフラワー紙を用意すると、
子どもたちは、フラワー紙をそのまま詰めたり、
丸めて詰めたり、広告紙で作った棒で押し込んだり、
思い思いに楽しみます。

> ま～るめて、
> ま～るめて……

> こっちも～！

子どもの「○○したい！」を
かなえるあそび

詰めるあそび

配慮ポイント

子どもの作品をモビールに

　子どもたちが詰めて作った透明ホースや、クリアホルダーの筒を小枝につるしてモビールに。ゆらゆら揺れるすてきな飾りになります。

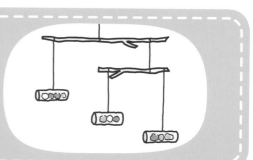

手作りの筒に詰める

0歳児 **1歳児** **2歳児** **室内** 室外

●クリアホルダーの筒で

書類などを入れる透明のクリアホルダーを丸めて、テープではり留めると、筒が簡単に作れます。中に詰めた様子が見えるのがポイントです。

でた〜

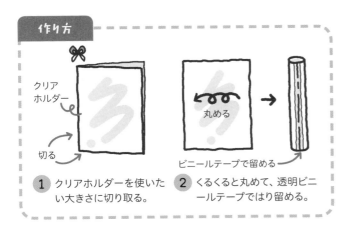

作り方

クリアホルダー

切る

丸める

ビニールテープで留める

1 クリアホルダーを使いたい大きさに切り取る。

2 くるくると丸めて、透明ビニールテープではり留める。

●ブロックの筒で

1・2歳児なら、子どもたちと一緒にブロックで筒を作ってみると、何かを入れたくなるかも。子どもたちが何を入れるのか、こっそり見守るのも楽しそうです。

子どもの「○○したい！」をかなえるあそび

詰めるあそび

43

跳ぶあそび

少し高い所から跳び下りることができるようになると、
子どもたちは繰り返し跳ぼうとします。
そんな子どもたちの跳びたい気持ちに寄り添える
あそびを考えました。

ほっ!!
上手に降りられた……

子どもの「○○したい！」を
かなえるあそび

跳ぶあそび

保育者とあそぶ

0 歳児 　**1** 歳児 　**2** 歳児 　**室内** 　**室外**

●ゆらゆら体操

あおむけになった子どもの両足首
を持って、小刻みに左右に優しく
揺らします。体の緊張がほぐれて
いきます。

●足マッサージ

両手でふくらはぎを持って、子どもの膝を
曲げます。足の裏は床に着けるようにして、
トントントンと軽く押す感じです。

ぴょんぴょんして あそぶ

0歳児　1歳児　2歳児　室内　室外

●膝でぴょん ぴょん

子どもが膝の上で跳ねるようになったら、脇の下を支えて子どもを上下させてみましょう。跳ねる動きに合わせて声をかけると、膝を使ってジャンプ！

トン！

たかい たか〜い

●たかい たかい、トン

子どもを持ち上げてたかいたかいをしたら、膝の上にトンと着地させます。安心できる人に抱き上げられて、いつも見上げている人よりも視線が高くなると、それだけでうれしい！　降りたときにすっと力を抜く感覚も養えます。

●お散歩車から ぴょ〜ん ストン!!

お散歩車から子どもを降ろすとき、ちゃんと子どもの顔を見て声をかけることも大事ですね。"ストン"と保育者も体勢を低くして、そっと地面に着地。降りるだけでも子どもたちにはうれしい時間に。

ぴょ〜ん ストン

配慮ポイント

子どもに合わせた高さで

　子どもの育ちによって感じる高さが違うので、注意が必要です。小さい子は低く、大きい子は高くしてみましょう。勢いをつけて高く上げ、ストンッと落として怖がらせないように気をつけてくださいね。

子どもの「○○したい！」をかなえるあそび　跳ぶあそび

45

丸い所にジャンプ！

地面に円を描き、ジャンプしながら、端から移動します。
ぴょんぴょん跳ぶのはそれだけでうれしい！

ぴょん！

ぴょん！

ぴょん！

こっちまで
描いちゃうよ〜

子どもの「○○したい！」を
かなえるあそび

跳ぶあそび

46

色いろジャンプ！

綿ロープやリボンでカラフルな輪を作り、置いておきます。
色がわかるようになると、
「あか」「きいろ」と自分から色を見つけてジャンプで入るようになります。
子どもたちの声に耳を傾けて、色の場所を変えてみると
自然に色を意識して楽しめるかも！

いろいろな色の綿ロープやリボンで輪を作り、
バラバラに置いてあそびます。

配慮ポイント

保育者が楽しそうにあそんでみる

うまく跳べないと思うとやめてしまう子もいます。保育者の中に「跳ばせたい」という思いがあると余計に跳ぼうとしないかも。保育者がまず楽しそうにあそんでみることが大事です。

子どもの「〇〇したい！」をかなえるあそび **跳ぶあそび**

47

チャレンジジャンプ！

♪いっぽんばしわたれ〜ジャンプ！

●一本橋渡れジャンプ

板や巧技台などを並べ、一本橋に見立てて渡ります。台を少し離して、またぐようにしたり、できる子はジャンプしたりして渡るようにしても。最後はジャンプして到着。慣れるまでは保育者が補助しましょう。

●砂穴ジャンプ

砂場に少し大きめの穴を掘り、穴の中にジャンプ！ 砂なのでバランスを崩して転んでも痛くないのがポイントです。

ぴょ〜ん
ストン

子どもの「○○したい！」をかなえるあそび

跳ぶあそび

配慮ポイント

言葉かけを大切に

子どもが跳ぶときに、「ぴょ〜ん ストン」などの言葉かけをすることが大事です。言葉をかけることによって跳ぼうと意識でき、体が準備できるようになります。

探検ジャンプ!

ジャンプがたくさんできる
サーキットあそびに挑戦。
ヘビに見立てたひもを跳び越えたり、
マットの山から跳び降りたり、
地面に水で描いた線を跳んで越える、
ウサギゾーンやカエルゾーンで
その動物になりきって跳んでみたり。
思い思いに探検してみましょう。

触らないように気をつけて!

ヘビだぞ〜〜

ぴょ〜ん

あっ!

よ〜し

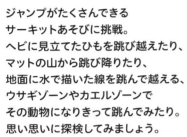

跳び箱の上段の上に
マットを載せる

ぴょ〜ん

跳び降りる所には必ず保育者が
つきましょう。子どもの姿に応じ
て低めの台も設定し、最初は手
を持ってサポートします。

配慮ポイント
**言葉かけは
子どもに合わせて**

子どもは自分の力をよ
く知っているので、怖い
と思ったら跳びません。
「がんばれ」と不用意な
発言はかえって危険で
す。特に危険がわから
ない子には配慮が必要
です。一人一人に合わ
せた言葉かけを!

カエルさんはどう?

ウサギさんに
なってみようか?

ぴょん!

子どもの「○○したい!」を
かなえるあそび

跳ぶあそび

49

投げるあそび

この間までなんでも食べていたのに、食べ物を床に落としたり、
ちょっと重たいおもちゃを投げたりする子が増えてきた。
大人の反応を見たり、
肩を使って物を投げたりすることができる。
成長なのだけれど……。
だめなこと、危ないことは伝えたい。
禁止する前にやりたい気持ちをあそびに変えるのが
いいかも！

手作りボールを投げる

| 0 歳児 | 1 歳児 | 2 歳児 | 室内 | 室外 |

さまざまなタイプの手作りボールを用意してみませんか。
0歳児なら、保育者が転がして渡し、
子どもに投げ返してもらってキャッチボールもできます。
傘袋のボールは子どもが投げても長く飛ぶスグレモノ。
投げるのに慣れてきたら保育者が持ったフープに
投げるあそびに発展させることもできて、
楽しいでしょう。

箱にボールを投げ入れる

みんなで
投げ入れて……

箱を用意したら子どもたちはどうするかな？
子どもたちの様子に合わせて
箱までの距離や箱の高さを変えると、
難しさが変わっておもしろいです。

たくさん集まったら
保育者が床に空けます。

\あ～い／

\いいよ～／

空けていいかな？

作り方

傘袋のボール

1. 子どもが傘袋に油性フェルトペンなどで描いたり、シールをはったりする。

2. 袋を膨らませ、口を結び留める。

靴下・手袋ボール

片方を小さく
丸めてまとめる。

スポンジボール

折る

輪ゴムで
留める

半分に折って真ん中
を輪ゴムで留める。

※誤飲のないよう、作る大きさに注意しましょう。

配慮ポイント

素材を工夫して

　新聞紙を袋に詰めてゴムで丸めたり、すずらんテープでまとめたり。いろいろな素材を使って、工夫しながら投げるおもちゃを作ってみるのも楽しいです。当たっても痛くない物がいいですね。たくさん作ると、どんどん投げてあそべます。

子どもの「〇〇したい！」を
かなえるあそび

投げるあそび

投げて音を楽しむ

投げた物が落ちたときの音に耳を澄ます。
そんな時間もあるといいですね。
投げる物や投げ入れる的によっても音が違うことに
気づけると楽しいです。

コン！

カラ～ン！

的 いろいろ

バケツ

プラスチックのかご

ミルク缶

おけ

金だらい

大きな音が出る物、
あまり出ない物、い
ろいろな的を用意し
てみても。

配慮ポイント

的を作って安全に

物を投げると、ぶつ
かって危ないと思いが
ちだけれど、的を作って
おけば大丈夫。ボール
を投げて、自分で取りに
行くのもまた楽しいの
です。

子どもの「○○したい！」を
かなえるあそび

投げるあそび

輪投げであそぶ

さらに難しい的を用意したらどうなるかな？
何を用意したら子どもたちが楽しくできるか、
保育者同士で相談できるといいですね。

的 いろいろ

カラーコーン	ペットボトル	紙パック

	水を入れておく	おもりを入れておく

作り方

新聞紙

① 新聞紙
丸めて、セロハンテープで留める

② 輪にする

③ ビニールテープを巻く

ホース

① ホース
差し込んで輪にする
紙を丸めた物

② ビニールテープを巻く

子どもの「○○したい！」をかなえるあそび

投げるあそび

53

穴に向かって投げる

0 歳児　**1** 歳児　**2** 歳児　室内　**室外**

砂場や園庭に穴を掘り、
集めたマツカサや葉っぱなどを投げ入れて。
実際には投げられなくても、
投げたつもりというのも楽しいかも！

ぽい！

ぽいっ!!

配慮ポイント

「つもり」も楽しんで

　小さい子たちは持っている物をポイッと投げてみますが、遠くへ飛んでいくことはありません。木の実や葉っぱなど、危なくないものを「ポイ！」とする動作は繰り返し楽しめそうです。

子どもの「〇〇したい！」をかなえるあそび

投げるあそび

54

持ち手付きボールを投げる

新聞紙を丸めてすずらんテープを付けたボールや、
フェイスタオルの片端を結んだボールなど、
持ち手が付いたボールは投げやすく、投げた感じが増し、
さらに楽しくあそべるかもしれません。

ボールの中に
プラ鈴などを入れて
音が鳴るようにしても
楽しい。

ワイルドなあそびを楽しみたい子もいますね。そんなとき、このボールであそんでみるといいかも！ 飛んでいく方向をコントロールするのはまだ難しいので、広い場所を探してあそべるといいですね。

作り方

1 新聞紙を丸め、すずらんテープを巻き付ける。

丸めた新聞紙

すずらんテープ

2

セロハンテープではる

裂く

タオルの片端を結ぶ

結ぶ

子どもの「○○したい！」をかなえるあそび

投げるあそび

55

たたく あそび

スプーンで皿をつついたら、偶然いい音が鳴った。
テーブルを両手でたたいたら、隣の子もまねして、
一瞬パーカッションの演奏会のようになったけれど、
牛乳がこぼれて中断になった。
食事中は困るけれど、子どもたちの音の発見、
大切にしたいなあ〜。

音の発見!?
でも〜!!

子どもの「○○したい！」を
かなえるあそび

たたく あそび

手をたたく

0歳児 1歳児 2歳児 室内 室外

●保育者の手のひらをたたく
保育者が手のひらを上にして両手を出し、「トントン」。
こんな1対1のふれあいあそびを大事にしたい。

●両手をたたく
物や楽器がなくても音が鳴る自分の手って、なかなか
すごい。パチパチ手を早くたたいたり、ゆっくりたたい
たり、強くたたいたり、弱くたたいたり、たたき方を変
えると音が変わるのにも気づくかな？

保育者が手をたたいて音を出すと、子どもたちは
まねしてたたき出すはず！

体のあちこちを たたく

0歳児 **1歳児** **2歳児** **室内** 室外

●指でたたこう

指を使ってたたいてみると、どんな音がするのかな？　指の本数で音が違うのも驚きの発見です。

1本でたたいて～

2本でたたいて～

5本でたたいて～

みんなも
やってみる？

●体をたたこう

保育者が歌に合わせて、体のあちらこちらをたたいてあそんでみると子どもたちが集まってきます。たたく場所で音が変わるかな？　自分の体を知ったり、体の部位の名前を知ったりするのも楽しいあそびです。歌に合わせて子どもたちはノリノリ。

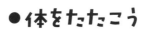

膝を
トントン

肩を
トントン

足を
ペタペタ

お尻を
ペンペン

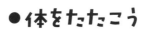

子どもの「○○したい！」をかなえるあそび **たたくあそび**

57

いろいろな物を たたいてみる

身近な物の中にはたたいてみるとおもしろい音がする物があります。
保育者が子どもの「あれ？（おとがする）」という発見を受け止めると、
子どもたちは安心してあそべます。

※棒などを扱うときは、素材など安全性を確認して
　見守りましょう。

配慮ポイント

きちんと伝えよう

なんでもかんでもたたかれてしまうのは困りもの。た
たいたら困る物は「それは困る」ときちんと伝えたい。
大人の表情で、子どもたちはちゃんと理解します。

たたく物 いろいろ

- たらい
- 洗面器
- 紙パック
- 段ボール箱
- ミルク缶
- 瓶（そっとたたけるようになったら）
- タンバリン
- カスタネット

など

ドラムサークルに挑戦する

0歳児 1歳児 2歳児 室内 室外

たたく物を輪にして並べて、好きな物をたたいてみたら
即興のパーカッションのアンサンブルあそびになります。
保育者がリズムをリードしたり、即興のダンスをすれば、
子どもたちももっとノリノリになり、
みんなで一つになって楽しい時間が生れるかも！

どんな音がする？

Tea

配慮ポイント

プラスアルファで楽しく

もっと楽しめるように、CDを
かけたり、ピアノを弾いたりして
みてもいいですね。

子どもたちにどんなふうに音が
聞こえているのかを保育者は意
識したいですね。

子どもの「○○したい！」をかなえるあそび　たたくあそび

59

まねるあそび

かんぱ〜い！

子どもたちは、びっくりするほど
周りのことをよく見ていて、
それを簡単に生活に取り入れてしまいます。
大人のすることをなんでもまねてしまう姿を
あそびにしたら、きっと楽しいはず!!
観察力と想像力をたくさん使って、
あそびはどんどん広がります。

食べるまねしてあそぶ

0歳児　**1**歳児　**2**歳児　**室内**　室外

ひろくんも
たべる？

あ〜ん

パクッ！
もぐもぐ
おいしいね〜

絵本の食べ物の絵をつまんで、
口元へ持っていくと、
小さな口が開きます。
「あ〜ん!!　おいしいね」と声をかける
保育者の表情も大事ですね。

配慮ポイント

用意するおもちゃであそびが広がる

　1・2歳児なら、まねるあそびにつながるおもちゃがあるといいですね。子どもたちが見立ててあそべるように、形や物にとらわれない、お手玉や羊毛ボールなどを用意すると、子どものあそびが広がります。ある程度、数や色が揃っているといいと思います。

3びきのこぶたごっこ

お話の中から繰り返しのやり取りだけをピックアップして、
そのシーンをあそびます。
おうちは、水を入れたペットボトルで地面に線を描いたり、
室内ならマットなどを敷いて見立ててみると、
子どもたちは共通のイメージをもてるかも。あそびに慣れてきたら、
おうちを作るまねをしたり、おうちの中でご飯を食べたり、
子どもたちと一緒にお話をアレンジしてあそんでみましょう。

やり取りを楽しめる
おすすめのお話
● おおかみと7ひきのこやぎ
● 3びきのこぶた
● 3びきのやぎ

子どもの「○○したい！」を
かなえるあそび

まねるあそび

忍者あそびをするためには
導入が必要です。
絵本やシアターで忍者に興味をもったら
動いてみよう！
変身あそびはおもしろい!!

子どもの「○○したい！」を
かなえるあそび

まねるあそび

62

消防隊員になってあそぶ

あこがれの消防士さんの仕事をイメージしてあそんでみると楽しいかも。
ちょっとした小道具があると、ごっこあそびがよりリアルになります。
ここではヘルメットを作ってみました。

火事だ〜！

みんなで火を
消せるかな？

うん!!

○○が燃えてると
119番があった。
出動!!

難しくてもそれなりに
言ってみるとおもしろい。

子どもの「○○したい！」を
かなえるあそび

まねるあそび

作り方

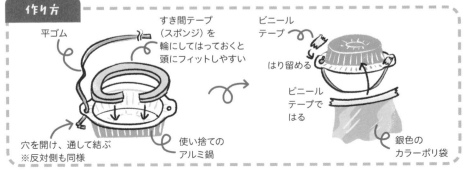

平ゴム

すき間テープ
（スポンジ）を
輪にしてはっておくと
頭にフィットしやすい

ビニール
テープ

はり留める

ビニール
テープで
はる

穴を開け、通して結ぶ
※反対側も同様

使い捨ての
アルミ鍋

銀色の
カラーポリ袋

見て見て！あそび

「せんせい、みてみて！」
子どもたちはどんなときも自分の存在を認めてほしい。
「大丈夫、ちゃんと見ているよ」という
大人のまなざしを感じるたびに、
子どもたちは少しずつ成長します。
あそびの中には、子どもたちが
自然に成長できる場面がいっぱい!!

\ みて〜 /

いっぱい
できたね

子どもの「〇〇したい！」を
かなえるあそび

見て見て！あそび

リズムに合わせて「おもちゃのチャチャチャ」

0 歳児　**1** 歳児　**2** 歳児　室内　室外

おなじみの曲「おもちゃのチャチャチャ」
（作詞／野坂昭如　作曲／越部信義）を、
0・1・2歳児クラスで歌うときは、
歌のリズムに合わせて音を出すと楽しくあそべます。
マラカスや鈴は、子どもたちの手の届く
おもちゃ箱に入れるのではなくて、見えるけれども
ちょっと高い所へ大事にしまいましょう。
雑音にならないように音を楽しむ環境を
考えられるといいですね。

あーちゃんも
やる？

マラカス？
お歌
うたおうか？

あ〜、あ〜

あっ、あっ！
う〜、う!!

配慮ポイント

だいじだいじね

楽器を渡すときは

楽器を子どもに渡すとき
は、保育者が「大事そうに」
するのがコツ！　だんだんと、
小さいなりに楽器を大切に扱
うようになっていきます。

鳴らすの楽しい マラカスを作る

ペットボトルにいろいろな物を入れると、
入れる物によって音が変わるのに、気づくかな？
子どもたちと一緒に聴き比べするのも楽しいですね。
自分で一つ一つ、トレーからつまんで容器に入れることで、
音の違いや量の違いに気づくかもしれません。
散歩先で、マラカスに入れる物を拾い集めるのも楽しいですね。

配慮ポイント

トレーで分けて並べて用意

中に入れる物は、種類ごとに分けて、トレーやお皿に入れて机の上に並べます。子どもがマラカスの中身を口に入れないよう気をつけてください。入れ終わったら、接着剤を付けてふたをして、ビニールテープで巻き留めます。

子どもの「〇〇したい！」をかなえるあそび　**見て見て！あそび**

65

舞台に上がって楽器であそぶ

0歳児 **1**歳児 **2**歳児 室内 室外

楽器あそびを繰り返し楽しんだら、保育室に舞台を作ってみると、
子どもたちはそこで演奏をはじめます。
大型積み木などで、ちょっと高さのある舞台を用意すると、
気分も盛り上がります。基本的に、舞台で楽器を鳴らしたい子が舞台に上がり、
子どもたちのやりたい気持ちを受け止めます。

それでは、
チャチャチャ隊が演奏します

どうぞ！

チャチャチャ〜

パチパチ

パチパチ

配慮ポイント

子どもの気持ちを大切に

お客さんとか演奏者とか発表するとかというよりも、その場の雰囲気を楽しむことを大事にしたいですね。楽しかった！ またやりたい！ と思える経験となるよう、保育者は拍手をしたり、リードしたり、工夫したいですね。

子どもの「○○したい！」を
かなえるあそび

見て見て！あそび

歌に合わせて 楽器であそぶ

「コブタヌキツネコ」（作詞・作曲／山本直純）のような追いかけ歌では、
追いかけるところを楽器で音を出すといいですね。
でも、あくまでもあそびなので、保育者と一緒に楽しむ時間に。

♪こぶた　鳴らす　♪たぬき　鳴らす
♪きつね　鳴らす　♪ねこ　鳴らす……

配慮ポイント

心地よい音を楽しめる工夫を

楽器を出すと興味を示す子どもたち。でも自由に鳴らすと、心地よい音ではなくなってしまいます。
このあそびのようにちょっとした工夫をして鳴らすことで、心地よい音を楽しめるといいと思います。

子どもの「〇〇したい！」を
かなえるあそび

見て見て！あそび

67

ペロペロキャンディーを作る

おいしそうだね

あーちゃん、いちごあじ！

こうちゃんも作る？

みて！みて！

こうちゃんも！つくる！

「ごきげんのわるいコックさん」(作・絵／まついのりこ　童心社) の紙芝居を見た後に絵を描いたら、腕をよく動かして、ぐるぐる描きしている姿が……。
そこでクレヨンのぐるぐる描きでペロペロキャンディー作り。
一人一人の子どものぐるぐるの大きさに合わせて丸く切り、広告紙などを丸めた棒を付けます。
たくさん作って、たくさん持って大満足。
作った物を、「みてみて」と持ってくる子どもの姿が見られます。

作り方

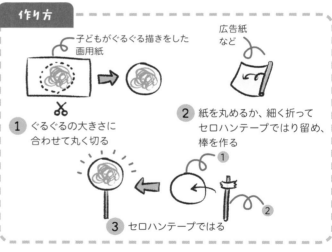

子どもがぐるぐる描きをした画用紙

広告紙など

1 ぐるぐるの大きさに合わせて丸く切る

2 紙を丸めるか、細く折ってセロハンテープではり留め、棒を作る

3 セロハンテープではる

配慮ポイント

子どもの姿から作る物を決めて

　ここでは、キャンディーの製作を例に出しましたが、作る物やきっかけはなんでもかまいません。子どもの気持ちが動いたことを、その姿やつぶやきから拾って、製作する物を決めるといいでしょう。作ること自体を楽しめる物、作ってあそべる物だといいですね。

キャンディー屋さんであそぶ

0歳児 1歳児 **2歳児** **室内** 室外

● ペロペロキャンディー屋さん開店！

これください

キャンディーをいっぱい作って、
おうちにも持って帰るなどして満足した後は、
お店屋さんごっこ。
最初は子どもたちは、みんなお店の人、
保育者がお客さんに。
お店の人が多すぎてお客さんが忙しすぎるようなら、
5歳児さんにお客さん役を頼んでみましょう。

● はじめのころは…

はじめは、こんなやり取りから……。何しろ自分の作った物は、自分の分身。大事すぎて、すぐにはあげられない、このころの子どもたちの自然な姿です。

● 5歳児さんに頼む

ペロペロ、おいしいわ～！

おいしかったわ。ありがとう

かえしてね

100えんです

ここは、なめたら返すペロペロキャンディー屋さんもいるから、返してって言われたら、返してあげてくれる？

OK！

はいありがとう。おいしかった～

え、いいの？

いいよ、それあげる

これください

いっぱい作ったね

● だんだんと…

でも、繰り返しあそんでいるうちに、こんなやり取りができるようになります。

作り方

空き箱や紙パック

穴を開ける

手作りペロペロキャンディーを差す

配慮ポイント

大きいクラスの子どもたちと一緒に

　2歳児のお店屋さんごっこでは、月齢にもよりますが、まだうまく役割分担ができなかったり、自分の物を渡すことが嫌だったりして、ごっこあそびが成り立たないこともあります。そんなときは、このあそびで紹介したように、大きいクラスの子どもたちに手伝ってもらうのも、園ならではのよい方法です。4・5歳児が開いているお店屋さんに、お客さんとして買い物に行くといった経験をするのもいいでしょう。

子どもの「○○したい！」を
かなえるあそび

見て見て！あそび

イメージあそび

車？　お風呂？
何に見立てているんだろう

お部屋の環境をちょっと変えると、
あそびが変わります。ままごとコーナーなどの棚に
「何か」ちょっと置いておくと、
子どもたちが手に取って、いろいろな物に見立てます。
そうしたら、保育者と一緒、友達と一緒が楽しい子どもたちと、
イメージをふくらませて表現の世界へGO！

子どもの「○○したい！」を
かなえるあそび

イメージあそび

バンダナで　お母さんになる

| 0歳児 | 1歳児 | 2歳児 | 室内 | 室外 |

あーちゃんも
やって

♪ねむれ、
ねむれ〜

だっこで
おでかけ〜

赤ちゃん
人形

いってきます

バンダナを置いておくと三角きん風にかぶって
お母さんごっこ。
ほかにも、バンダナをだっこひもや
おんぶひもにして、人形をだっこやおんぶ。
人形の布団にもなります。
子どもたちは何になりたいかな？

配慮ポイント

たくさん用意して

　広げたり、畳んだり、縛ったり、巻いたり……。だっこひもやおんぶひもにも。いろいろと活躍するバンダナは、1人1枚と言わず、1人2、3枚用意できるといいですね。たくさんあると幸せな年ごろですから。

不織布の帽子で動物になりきる

不織布で簡単に作れる帽子は
色を変えるとイメージが変わり、
かぶるだけで、いろいろな動物に
なりきってあそべます。
なりきりあそびの後に、
その動物が出てくる絵本などを読むと、
劇あそびに発展できます。

緑色で
カエル

白色で
ウサギ

○○色で
タヌキ

茶色の帽子で
おウマさん

パカパカ

グレーで
ゾウさん

作り方

子どもの頭の
サイズに合わ
せて輪にした
工作紙

不織布

両面テープではる

① 不織布を輪にする

② 束ねてテープで
巻く

配慮ポイント

**アイテムをプラスして
さらにイメージを
ふくらませて**

色画用紙をモールに
付けて帽子にプラスして
みると、アオムシやカタ
ツムリ、チョウチョウな
どに変身できます。

2枚の紙で
挟んではる

モールの
先を曲げてから、
ガムテープで
しっかりはり留める

※モールの取り扱いには注意し、使う際は
針金が出ていないか確認しましょう。

吸盤を何かに見立ててあそぶ

0歳児 **1歳児** **2歳児** **室内** 室外

100円ショップなどで購入できる吸盤が
ユニークなおもちゃに変身。
綿ロープなどを付けて用意しておきます。

先生、
うちの子お熱が
出ちゃったんです

おなか、
だしてください

● お医者さんごっこ

風邪が流行すると、小児科を受診する子が増えて、
お医者さんごっこがぐっとリアルになってきますね。そんなときに活躍するのが、吸盤の聴診器。

作り方

綿ロープを通し、
輪にして結ぶ

100円ショップ
などで売っている
吸盤

● お洗濯ごっこ

吸盤は窓やビニールクロスの壁紙など
にも付けられるので、洗濯物を干すな
ど、いろいろな使い方ができます。

洗濯ばさみ

壁にはる

バンダナや
ハンカチなど

綿ロープ

トンネルをくぐってあそぶ

小道具だけでなく、
こんな大道具もあるといいですね。
トンネルのデザインでパーテーションを作り、
くぐってあそびます。
電車ごっこから劇あそびに発展したら、
そのまま発表会の舞台にセットして、
子どもたちがあそぶ自然な様子を、
保護者に見てもらうのもいいかも。

ガッタン、ゴットン

お山に到着！
お弁当食べようか

はーい！

おいしいね

パクパク

作り方

1 大きな段ボール箱の側面をそのまま利用すると簡単。

2 2面ずつ切り、トンネルの形に切ったり、山の形に色画用紙をはる。段ボールの切り口は透明のガムテープなどでカバーする。

切り口は透明のガムテープでカバーする
90cmぐらい

3 2を何枚か布ガムテープではり合わせる。合わせ目は1cmほど離して余裕をもたせるとよい。

子どもの「〇〇したい！」をかなえるあそび イメージあそび

73

描くあそび

子どもたちが思いっ切り絵を描けるようにしたい！
と思ってフェルトペンやクレヨンを用意しても、
紙には描かずテーブルや椅子に描いていたり、
全部箱から出すのが楽しかったり、
フェルトペンのふたに興味があったり、
色を全部使ってみたかったり……。
でも、どれも子どもたちの好奇心の表れ！
それは違うと止めてしまわず、
子どもたちが描きたくなるのをじっと待つのも大事かも！
子どもたちが思い切り描ける環境を整えて、
自分なりに表現する機会を増やそう。

大きな紙に描く

0歳児　**1**歳児　**2**歳児　室内　室外

子どもたちの前に大きな紙を用意したら、
どんな場所からどんなスタイルで描いていくのかな？
まずは子どもたちをじっと観察。
子どもの育ちに合わせて、クレヨン、絵の具、フェルトペン……。
いろいろな物を試してみて、子どもの反応を見てください。
「上手」「すごい」「こっちも描いてみる？」などの言葉かけは不要！
楽しんでいる子ども一人一人をよく見ることが大事です。

模造紙

光沢のある薄手の紙で、白のほかにピンクや水色、黄色など薄く色がついた物も。ロール状の物もあるので、大きく広げて使うことが可能。

クレヨン

いろいろな素材に描けるので便利。紙カップや紙パックを切った物に入れて渡すと取り出しやすい。

水性フェルトペン

発色がよく、まだあまり筆圧が強くない0・1・2歳児には描きやすい。保育者がキャップの付け外しをする必要がある。

シチュエーションを変えて描く

 0歳児 1歳児 2歳児 室内 室外

● 立って描く

壁面に養生テープやマスキングテープで紙をはって、子どもが立って絵が描けるスペースを作ります。床に座って描くのとはまた違った楽しさを発見します。

● 長〜い紙に描く

廊下などに長〜い紙を用意してみるのもいいですね。体ごと移動して描いていくのも楽しい活動になります。

なが〜いね！

ピーピー バックしま〜す

鉛筆

芯の軟らかい2Bくらいの物を、先をあまりとがらせずに渡すようにする。

新聞紙

身近で思い切り使いやすい素材の一つ。文字が印刷されていることが刺激になって子どもの描きたい気持ちを促すことも。

パッキングペーパー

宅配便の段ボール箱にパッキング材として入っている紙は、ざらっとした触り心地や描き心地がおもしろい。

 配慮ポイント

紙の設置の仕方に注意して

紙を床に敷いたときは、紙に乗った子どもが滑って転んだりしないよう注意します。壁に紙をはるときは子どもが手を伸ばした高さより高い位置から紙をはるようにすると、間違って壁に描いてしまうこともありません。

子どもの「○○したい！」をかなえるあそび

描くあそび

いろいろな紙に描く

子どもたちに渡す紙の色や形を変えてみましょう。
絵は四角い白い紙に描くもの、という概念を超えると、楽しい発想が次々に飛び出します。
子どもたちの発見を大切に、いろいろな描き方に挑戦したいですね。

● 黒い紙に描こう

描く物はなんでもいいのです。子どもたちが色のついた
紙にどんな表現をしていくのかを一緒に楽しみましょう。

配慮ポイント

子どもの発見を大切にして

　白や灰色、水色など、黒い紙に映える雪っぽい
色の描画材を渡してもよいですが、黒い紙に描く
と見えにくい色があるということなどを子どもた
ちが発見して、試行錯誤していく時間を大切にで
きるといいですね。

● 丸い紙に描こう

少し大きめの丸く切った紙を用意します。
ぐるぐる描きの時期の子どもたちはもち
ろん、そうでない子も、円形の紙にどん
なふうに描くのかを見ていきましょう。出
来上がった作品はちょっと手を加えて展
示しても。子どもたちの描く線や色合い
に引き付けられます。

色画用紙で
作った鳥の顔

はる

半分に
折る

作品展に……

♪ぐ〜るぐる

子どもの「○○したい！」を
かなえるあそび

描くあそび

段ボール箱に描く

潰した段ボール箱は、画用紙とはちょっと描き味が違います。
厚さ、地の色、印刷された文字や絵柄などを、どんなふうに感じ、
どんなふうに描いていくのでしょうか。
文字や絵柄の上に描き足していく子どもたちが意外と多いかも。
模様のある箱に描いていくのも楽しいけれど、箱を切り開いて、
何も描かれていない面に描くのもまた楽しいあそびです。

段ボール板

段ボール箱を切り開いて板状に。大きな段ボール箱が手に入らない場合は、いくつかをつないで使っても。

子どもたちが描いた後の段ボール箱を、描いた面が表になるように透明のテープを使って組み立て直します。箱を積み重ねて、保育室や廊下のオブジェにしても。

子どもの「○○したい！」をかなえるあそび **描くあそび**

77

段ボール板の つい立てであそぶ

0歳児 **1**歳児 **2**歳児 **室内** 室外

段ボール板に描いて楽しんだ後、それをつい立てにしても。
コの字に立てたり、ガムテープではりつないで、びょうぶのように仕立てたり。
絵本を読む場所になったり、家のドアになってごっこあそびに発展したり、
楽しいあそびの場が出来上がります。

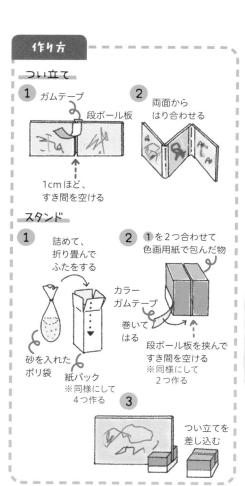

作り方

つい立て

1 ガムテープ 段ボール板
1cmほど、すき間を空ける

2 両面から
はり合わせる

スタンド

1 詰めて、
折り畳んで
ふたをする

砂を入れた
ポリ袋

紙パック
※同様にして
4つ作る

2 1を2つ合わせて
色画用紙で包んだ物

カラー
ガムテープ
巻いて
はる

段ボール板を挟んで
すき間を空ける
※同様にして
2つ作る

3 つい立てを
差し込む

トントントン
い〜れ〜て〜

子どもの「○○したい！」を
かなえるあそび

描くあそび

78

描くコーナーで自由に描く

段ボール板のつい立てでで囲った、
いつでも描くことに取り組めるコーナー。
壁に向かって描いたり、つい立ての中で描いたりすると、
描くことに集中しやすいです。
一人でじっくりと描くことが楽しい環境が作れるといいですね。

配慮ポイント

「だめ！」と言わずにすむ環境作りを

　子どもたちは腕全体を使って描くので、四つ切り大くらいの紙があるとのびのび描けるかもしれません。口に入れても安全で、服についても水で落とせるタイプの画材、多少汚れても大丈夫なスペースの確保など、子どもたちの描きたい気持ちを「それはだめ！」と妨げないですむ環境を用意するのがいいですね。

　子どもの絵の発達過程を調べたり、保育者同士でどんな環境を用意しようかなどと話し合ったりしておけるといいでしょう。子どもの絵を見ながら話をするのも大事な時間です。

子どもの「〇〇したい！」を
かなえるあそび

描くあそび

マイノートを作る

コピー用紙を折って作る、自分だけのノート。
保育者が連絡帳などをつける様子を見ている子どもたちはノートの形に興味津々。
ちょっぴり大きくなった気分も味わいます。
自分の作ったマイノートは、絵本になったり、ノートになったり。
それをきっかけに保育園ごっこが始まるかも。

子どもの「〇〇したい！」を
かなえるあそび

描くあそび

作り方

1 半分に折る

2 折り筋を付ける

3 切り込みを入れる

4 ❸を広げ、折り線に沿って折る

5

6

A3サイズの
コピー用紙

- - - - 谷折り線　　　—・—・— 山折り線

季節を楽しむあそび

―季節は体で感じよう！―

春には花が咲き、虫たちが動き出す。

夏には雨が降ったり、雷が鳴ったり、夏野菜が実る。

秋には木々が色づき、おイモも収穫できる。

冬には木枯らしが吹き、雪が降り、氷が張る。

こんな四季がある国に生まれてよかったなあと思うけれど、園では季節ごとに何かをしなければならないということが先にあって、季節の移り変わりを、子どもたちが自分で感じたり、気づいたりすることに目を向けることが本当は大事なのに、大人が考える季節感を刷り込んでしまうのではないかと思うことがあります。

まずは保育者自身が、自然をありのままに感じることができるゆとりをもてるといいですね。子どもと一緒に、生活の中で音、形、手触り、動き、味、香りを楽しんで、子どもの感性が豊かになるとしたら、どんなあそびがあったらいいのかなあと考えたあそびを紹介しています。子どもたちが感じることをしっかり受け止めて、あそびをアレンジしてください。子どもが楽しんでいることを、アンテナを張ってじっと観察していると、次に何を準備したらいいかは子どもたちがちゃんと教えてくれます。

※巻頭カラーページも季節を楽しむあそびとして紹介しています。

花や草を飾って、匂いに気づくかな？

保育室に匂いのする花や草を飾っておいたら、子どもたちは匂いに気づくかな？
切り花を花瓶に生けたり、ちょっと葉に触れるだけで香りがする、ハーブの鉢植えを
置いたりするのもいいですね。

匂いのする草花いろいろ

- ● ジンチョウゲ
- ● クチナシ
- ● ジャスミン
- ● バジル
- ● タイム
- ● ミント
- ● ローズマリー

> あれ……？
> 何か匂いがするね

ミントやローズマリーなどは、
触って多少ちぎれても大丈夫!!
水に生けると、
また根が出たりするから
おもしろい！

何か匂いした？

あ～！

配慮ポイント

"なんだろう？"という子どもたちの表情に応える言葉かけを！

子どもたちって匂いに敏感。保育者は何かの匂いに気づくと「いい匂いだね。お花の匂いかな」などと言ってしまいがち。でも、ちょっと待って。何か匂いがしてきたら、子どもたちの表情を見てみよう。"あれ？""なんだろう？"って思うときには必ず大人の顔を確認する子どもたち。その"なんだろう？"って顔にちゃんと応えてから「何か匂いがするね」と言ってあげたいですね。

お昼ご飯や 干した物は、どんな匂い？

季節を楽しむあそび

春 夏 秋 冬

給食室の前を通るといい匂いがしてくる。
ご飯の匂い、しょう油の匂い、お魚の匂い……。
お昼ご飯のメニューをみんなで予想するのも楽しいですね。
また、お天気のよい日に、お昼寝用の布団やままごとあそびで使っているエプロン、
人形などを子どもたちと一緒に干してみませんか。
干した後、何か気づくかな？

きゅうしょくしつ

配慮ポイント

**子どもたちの
本当の気づきに
出会うために……**

　布団や玩具を干す前と、取り込んだときとの匂いの変化を、子どもたちはなんと言うのでしょうか？「お日様の匂いだね」と言ってしまいたい気持ちをぐっと飲み込んで、子どもたちの表情や反応をじっくり見てみると、子どもたちの本当の気づきに出会えるかも。

今日のお昼ご飯、なんだろうね〜

いいにおいがする

お布団干そうね！

ふわふわ〜あったか〜い

いいにおい

83

匂いを閉じ込めたら、どんな匂いがするかな？

  1歳児 2歳児 室内 室外

身の回りにある匂いのする物を、布に包んだり、ケースに入れたりしておくと、
子どもたちはさまざまな匂いを再発見するかもしれません。

匂う？

くんくんくん

香る物いろいろ

- ● ハーブ
- ● 柑橘類の皮
- ● スパイス
- ● コーヒー豆
- ● 緑茶や紅茶などのパック

※誤飲には十分、注意しましょう。

匂いを閉じ込める容器いろいろ

● **調味料入れ**

調味料を出す穴が開いているので便利。100円ショップなどでも購入できる。

● **密閉容器**

数か所穴を開けてふたをしてから、ビニールテープなどでしっかりと巻き留める。

● **おもちゃのカプセル**

大きめサイズを使う。閉じた部分をビニールテープでしっかりと巻き留める。

● **プラスチックカップにふたをする**

ゼリーなどの空き容器に、ガーゼでふたをし、ビニールテープなどでしっかり巻き留める。

● **小さいサイズのペットボトル**

手に持ちやすい大きさの物を選び、ガーゼなどで口を覆い、ひもやリボンでしっかり結び留める。

● **ガーゼで包む**

ハンカチくらいの大きさのガーゼに包み、口をひもやリボンでしっかりと結ぶ。

匂い探しも おもしろいかな？

紙カップや紙芯を使って、匂いをかぐ道具を作ってみよう！
大きさや、長さなどを変えて、お気に入りの物を作ったら、匂い探しに出発！
花などの匂いの素にかぶせて匂いをかいでみると、よ〜く匂うよ。

これは？

匂いをかぐ道具の作り方

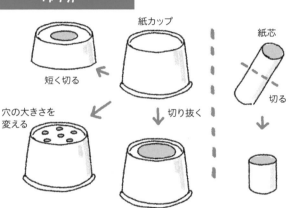

紙カップ

短く切る

切り抜く

穴の大きさを変える

紙芯

切る

季節を楽しむあそび

春 夏 秋 冬

えっ!?

わあ〜 せんせいのにおい!!

あーちゃんも においいくね！

配慮ポイント

食べ物などのカップをそのまま使ってみても

食べ物などのカップを使ってみるのもいいでしょう。カップについた匂いに気づくのも楽しいあそびになります。

85

雨の音を聴いてみよう

0歳児　1歳児　2歳児　室内　室外

洗面器や金だらい、ミルク缶やバケツなどを用意して、
雨が降ったら軒下に並べて雨の音を聴いてみよう。
伏せて置いたり、受け皿のように置いたり、
置き方を変えると、楽しさが変わっておもしろい！

配慮ポイント

子どもの気づきの声を待つ

「雨、ザーザーすごいね〜」「ピチャピチャいってるね」などの言葉かけはいりません。子どもたちが気がつく時間を作って、子どもの声を待ちましょう。

たん たん……

ぽつ ぽつ
いうよ〜

どんな音？

- プラスチックの洗面器
- ミルク缶
- 金だらい
- バケツ

雨をためてみても

バケツやたらいを受け皿のように上向きに置いて、たまった雨を見ると、子どもたちにも降った雨の量がわかっておもしろい！

※保育者の見守りのもと行い、雨水はためたままにしないようにしましょう。

外に出て雨を感じよう

雨が降ったらお散歩するのも楽しいですね。
保育者が持つ傘に降る雨の音はもちろん、
水たまりに降る雨や木の葉に降る雨の音にも耳を傾けて。
たらいを持ったり、ビニールシートやゴミ袋、段ボール板や新聞紙など、
いろいろな物を屋根にして試してみるのもいいかも。

透明の傘で

透明の傘をさして、雨が降る様子を
下から見るのもおもしろい！

みずたまりも
おとがする

いろいろな屋根で

どんな違いが感じられるかな？

● 新聞紙

やぶけちゃった……

● 金だらい

カンカンっていうよ

● ビニールシート

ばたばたするね〜

ポリ袋に水を入れて触ってみよう

0歳児　1歳児　2歳児　室内　室外

ファスナー付きのポリ袋に水を入れ、
ガムテープなどで子どもたちの手の届く高さの窓にしっかりとはり留めます。
水を押したり広げたりする感触や、チャポチャポという音が楽しめます。

水のパックの作り方

1
ファスナー付きポリ袋に水を入れ、ファスナーを閉じます。食紅を少量入れて色をつけたり、ビーズなどを入れたりしてもいいでしょう。

2
布ガムテープで口を閉じ、四辺に布ガムテープをはって、窓にしっかりとはり留めます。

あそびのバリエーション

布団圧縮袋に水を入れて楽しんだらどうかな？
体全体で音と感触を楽しもう！

触って ピチャピチャしてみよう

水たまりを作っておいたり、たらいに水を張っておいたり、
食紅などで色をつけた水などを用意しておくと、
子どもたちは、どんなふうにするのかな？
どんなことに気づくかな？

たらいで

保育者の見守りのもと、大きなたらいに
浅く水を張って楽しもう。あそんだ後は
水を捨てます。

水たまりを作って

園庭に水をまいて水たまりを
作ってピチャピチャ。

水たまりで泥んこあそび

はじめは、ぬれたり、汚れ
たりするのが嫌だった子
も、だんだん気にならなく
なり、解放的にあそび出し
ます。1回目は、ドキドキし
ても、回を重ねると、少し
ずつあそびが変わっていく
ので、継続的にあそぶこと
がコツです。

あったかいよ

ほんとだ

ビチャ！

配慮ポイント

**大胆な泥んこあそびが
苦手な子には……**

大胆な泥んこあそびはドキドキし
てしまう子には、たらいに水と砂を
入れてあそぶと、緊張しないであそ
べます。砂を入れるときに砂煙が出
たり、ただ触って気持ちいい感触に
出会えたりします。

白砂も
入れていい？

いいよ

ピチャッ

きもちいい

乾いた地面に水をまいてあそぼう

じょうろやペットボトルなどの空き容器、穴を開けたレジ袋など、
いろいろな物を使って、地面に水をまいてみよう。
水の感触、泥の感触、匂いを全身で感じるあそびは、きっとおもしろいはず！

じょうろで

保育者が高い所から雨のように水を降らせたり、
じょうろの先を取りはずして、地面に長く続く線
を描いて線路に見立てたり……。

レジ袋で

穴を開けたレジ袋を、水道の蛇口に引っ掛けておくと、簡単にシャワーが作れます。シャワーから
水を容器にくんで地面にまいたり、水をたくさん入れたレジ袋を持って、土に跡がつくのを楽しん
だり……。あそんでいく中で、容器や袋に入った水の量で重さが変わることもわかってきます。

配慮ポイント

穴はレジ袋の片側だけに開けよう

レジ袋に穴を開けるときは、片側だけにした
ほうが、子どもが持ったときに、洋服などがぬ
れなくていいでしょう。

ホースで作った トンネルや川であそぼう

保育者がホースを使って園庭に水のトンネルや川を作り、
子どもたちが、冷たい水の"涼しいね""気持ちいいね"を
感じるあそびを楽しみましょう。

水のトンネル

保育者が作った水のトンネルを、みんなでくぐります。同じ方向に
走れるように言葉かけして、ぶつからないよう配慮します。最初は、
保育者がやって見せるのがいいですね。

川であそぼう

ホースの水を、低い所でなるべく真横
に出します。それを川に見立てて、渡っ
たり、跳び越えたり。これなら、水が顔
にかかるのを嫌がる子もあそべます。

91

シャワーであそぼう

季節を楽しむあそび

春 夏 秋 冬

ホースの口をぎゅっとつぶしたり、シャワーヘッドを使ったりして、
細かい水の粒をたくさん出すと、
太陽の光が当たったときに、虹ができます。
シャワーを浴びたり、虹を探したりしてあそんでも。

ほんとだね きれいだね

わあ、にじだ！

あった！

きれい！

配慮ポイント

少しずつ水に慣れていく時間を保障しよう

みんながあそぶのをじっと見ている子は、水がちょっと苦手なのかも。そういう子には、水がかからないように配慮して。見ているだけでも楽しい子や声をかけてほしくて待っている子もいます。一人一人に合わせた言葉かけが大事です。

あそびのバリエーション

ミニシャワー

2本のホースを合体して作るミニシャワーなら、0・1歳児も楽しめます。

2本のホースの所々に目打ちで穴を開け、100円ショップなどでも売っている結束バンドで合体。ホースの先には、紙パックを丸めた物などを詰めます。

氷の不思議を感じよう

氷が溶けたり、冷たいと感じたり……。
子どもたちの不思議だと思う気持ちを大切に受けとめましょう。

1 園庭などで見つけた
いろいろな物を、ポ
リ袋の中に入れま
す。

入れてくれる？

おはなあったよ！

あった！

いしも
いれる

2 ①の袋に水を入れ、輪ゴム
で留めて冷凍庫へ。

3 ポリ袋から出してト
レーや洗面器などに入
れ、みんなで見たり、
触ったりしてみましょ
う。保育室に飾ってお
くだけで涼しいです。

かちんこちんよ！

つめたい！

ほんとだ

て、ぬれちゃった！

つめたい！

こおり
なくなっちゃった！

おはなは
あるよ

ちっちゃく
なっちゃったね

93

音を探そう！ どんな音がするのかな？

0歳児 **1歳児** **2歳児** **室内** 室外

さまざまなサイズのペットボトルに、米や豆、ビーズ、砂など、音や動きが異なる素材を入れて準備します。
子どもたちと一緒に作るのもいいですね。どんな音がするのかな？　どんな物に興味をもつかな？
たくさん作って並べましょう。

● 豆

ダイズやアズキなどの豆、ゴマや米などでも

● 消臭剤などの丸い粒

高分子吸収性樹脂

● 砂

色砂など

● 水

色水、石けん水など

● 発泡ビーズ

静電気が起きてボトルに張り付くことも！
おもしろい！

● 粉

米粉や片栗粉など

※ペットボトルのふたは多用途接着剤で留め、上からビニールテープで巻き留めます。

こうちゃんは砂やビーズの入ったペットボトルをよく触っている

ほかにも洗濯のりやベビーオイルと食紅で色をつけた水を一緒に入れた物など、質感の違う物を入れても楽しいです。

けんちゃんは高い音が好きなのかな？

あいちゃんは音より腕に伝わる感覚が不思議なのかな？

子どもたち一人一人をよく見ていると、ペットボトルの中身の違いに気づいて好みが出てきます。その好みをもっと広げて深めたいですね。

※誤飲に注意して、あそぶ前には破損がないか確認しましょう。

音を感じて
動いてみよう

94ページのように、音や動きが異なる素材を入れた
ペットボトルを振り、中身の動きを体で表現してみよう。
中身が変わったり、同じ中身でもペットボトルの大きさが
変わったりすると、動きが変わっておもしろい。

配慮ポイント

子どもたちのわくわくは、保育者のアイディア次第

動く物を見つめる子どもたち。音と動きが結びついたら、もっと楽しくなってしまうかも！ 保育者のアイディア次第で、子どもたちはわくわく動き出すはず!!

大きいペットボトル

大きくジャンプ。

ジャンプ！
ジャンプ！

小さいペットボトル

細かく動く。

シャカ
シャカ

チャプ
チャプ

粒

転がる。

コロ

コロ

ゼリー

ゆっくり動く。

ドロ〜ン

95

うちわの風を感じよう

季節を楽しむあそび

春 夏 秋 冬

カーテンが風に揺らぐのにも心を奪われる0・1・2歳児。目に見えない"風"って不思議。
そんな"風"を起こしたら、子どもたちはどんな表情をするかな?
保育者が、子どもをうちわであおぐのもいいですね。あおいだり、止めたり、扇風機のように首振りにしたり。
いろいろなバリエーションを楽しんだら、子どもが自分でやってみたくなるかもしれません。

1 保育者が子どもをうちわであおぎます。顔をあおぐときは、子どもの様子を見ながら、強弱や時間を調節してください。

パタパタ
わあ〜

2 少しあおいだら、ぴたっと止めます。そして、子どもが「もう1回」の意思表示をしたら、再びあおぎ始めます。

ピタッ
もういっかい
いくよ、いい?
いいよ
パタパタパタパタ……

3 あそびに興味をもった子どもたちが集まってきたら、手を丸めてお金の投入口に見立て、お金を入れてもらったり、あおぐ強弱や、首振りするかどうかなど、あおぎ方を選んでもらうやり取りをすると楽しいです。

強いのがいいですか?弱いのがいいですか?
いいですよここにお金を入れてください
あーちゃんもやって
座ってください
はい

4 1・2歳児なら、きっと子どもたちもうちわであおぐ役をしたいと言ってきます。そうしたら、交代してください。

どうぞ、順番こ、1番はこーちゃんね
あーちゃんもやりたい!
先生も100円持ってるからお願いします
こーちゃんもやる!
くびふりしますよ〜
きもちい〜

風で動くことを楽しもう！

ぶら下げたすずらんテープやちぎった新聞紙、広告紙、紙風船など、
軽い物をうちわであおいで、動かしてみましょう。
保育者が紙吹雪を飛ばして見せるのもいいですね。

季節を楽しむあそび

春 夏 秋 冬

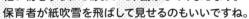

ぶら下げた
すずらんテープ

なんだか
涼しそう

ちぎった紙

紙吹雪
飛ばすよ〜

いった いった

わあ〜すごい！

配慮ポイント

うちわの柄に注意！

子どもとあそぶとき
は、うちわと子どもの間
隔に気をつけましょう。
また、子どもがうちわを
持つときには、柄の部
分が危なくないように
気をつけてください。

紙風船

2歳児なら、紙風船をうちわであおいで、
ゴールまで運んでも楽しい。

落ち葉の上を歩いてみよう

落ち葉の上を歩いたら、どんな音がするかな？
子どもたちが"あっ！"と気づく瞬間を大切に。まずは一緒に音を感じてみましょう。
カサコソ音がすることに気づいたら、
歩き方を変えて、音が変わるかどうか試してみても。

音をたてずに、歩けるかな？

2歳児さんは、音をたてない歩き方ができるかチャレンジ。子どもたちとやり取りしながら、いろいろな歩き方を試しましょう。

枯れ葉の音を耳を澄まして聴いてみよう

落ち葉をたくさん集めて、山を作ったり、寝転んでみたり……。
いろいろなあそびを楽しんでみましょう。

何かを感じて
動いているんだな

葉っぱの量が違うと、音も違うかな？

みんなで落ち葉をたくさん集めて、お山を作ってあそんでみましょう。葉っぱのお山の上を歩いたり、飛び越えたり、飛び込んだり……。

はい！
葉っぱの山です！

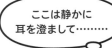

ズズズー

寝転んだら、どんな音？

みんなで落ち葉の上に寝転んでみましょう。どんな音がするかな？　落ち葉の匂いもするかな？　落ち葉と仲良くなれたみたい！?

配慮ポイント

落ち葉の下の虫に注意！

落ち葉の下にはたくさんの虫たちがいることがあります。事前に調べておきましょう。ムカデなど、毒虫には触らないようにします。

ここは静かに
耳を澄まして………

パサ〜

99

枯れ葉の音に 気づくかな？

0歳児 **1**歳児 **2**歳児 室内 **室外**

乾いた落ち葉をもむと音がして、細かくなることを楽しみます。
細かくなった落ち葉をフーッと吹いたり、何かに見立てたり、
あそびはどんどん広がっていくはず。
子どもたちが思わずやってみたくなったらいいですね。

拾ったどんぐり、どこに入れる？

0歳児　**1歳児**　**2歳児**　室内　**室外**

どんぐりを、みんなでたくさん拾ったら、
「ポットン落とし」のおもちゃであそぶように、
いろいろな容器を用意。
容器によって、音が違うことに気づくかな？

配慮ポイント

空き缶の縁やどんぐりの誤飲に注意！

空き缶を使うときは、缶の縁などが危なくないように、ビニールテープをはるなどの配慮をします。なんでも口に入れる時期の子どもには特に気をつけて、どんぐりを誤飲しないようにしてください。

どんぐり、あった

ここも

いっぱい！

あっくんはそこに入れるんだね

あそびのバリエーション

立ったまま入れられるかな？

どこに入れる？

ペットボトル　空き缶　ミルクの空き缶　アルミのバケツ

容量によって音が違うよ
カラン！　コロン！
どんな音がするかな？

子どものあそびをよく見よう！

2歳児なら、立ったままで入れようとすることも。子どもたちがあそびを発見したら、ふた付き缶コーヒーなどの口の大きい缶、口の大きめのペットボトル、パスタを入れる長細い容器など、いろいろと用意してみるといいかも！

どんぐりを転がしてみよう

0か月 1歳児 **2歳児** 室内 室外

段ボール板を大型積み木などにセットして、転がすことを楽しめるコーナーを用意。
子どもたちはさまざまな物を転がしてみようとするはず！
子どもの発見をおもしろがろう！

いくよ！

軽く
折り目をつける

うまく転がせるようになったら
落とし穴を開けたり
缶をゴールにしたりすると楽しいよ！

布ガムテープや
養生テープで
段ボール板を固定

いいよ

大型積み木

コロッ♪

段ボール板

紙粘土に 自然物を埋め込もう

紙パックで作った使い捨ての型に、紙粘土を押し込んで作るリース。
どんぐりや葉っぱなど、秋の自然物を挿したり、埋め込んだり、
子どもたちが楽しめることを探してみることが大切です。

秋のリースの作り方

1ℓの紙パック

1 紙パックの1面分を縦に三等分して帯を作り、それを3枚つなぎ、大きなほうの円を作る。同様に紙パックの帯1本を輪にして、小さいほうの円にする。

2 1を、粘土板などにセロハンテープではり、型にして紙粘土を詰める。リースに色をつけたいときはあらかじめ、紙粘土に絵の具を練り込んでおくとよい。

3 紙粘土が軟らかいうちに、小枝やどんぐり、葉っぱなどを埋め込んだり、挿したりする。

4 十分に乾いたら型を外す。

※ どんぐりなどの誤飲に注意し、見守りながら行いましょう。

寒くても散歩にGO!!

0歳児 1歳児 2歳児 室内 室外

散歩に出かける前はちょっと寒いけれども、
行ってみると、さまざまな発見がきっとあるはず!
冬ならではの楽しい宝物も見つかります。

配慮ポイント

散歩に出かけるときの服装や天候、気温、時間には十分注意

まだ歩けない子や、歩きはじめたばかりで、お散歩車などに乗って散歩を楽しむ子どもたちは、歩いたり、走ったりして体を温められないので、散歩に出かけるときの服装や天候、気温、時間には十分注意しましょう。

歩いたら

あったかくなってきた!

氷を見つけたよ

われた!

つめた〜い!

つんつん!

あ〜

霜柱を見つけたよ

サクサク

おもしろ〜い

いっぱ〜い!

どろどろ〜

冷たかったね〜!!

触って冷たさを感じてみよう！

いつもあそんでいるぶらんこのポールや鉄棒、滑り台、どんなふうかな？
子どもたちはどう感じているのかな？
つぶやきや表情をよく見てみるとわかるかもしれませんね。
一緒に共感して楽しんでみてください。

大きな石

つめた〜い！

ぶらんこのポールや鉄棒

つめたいね〜

大きな木

ここも触ってみよう！

ぼくもさわる！

配慮ポイント

子どもの気づきを大切に！

　保育者が感じたことを、子どもたちに知らせてみてもいいですね。はじめから教えてしまうのではなく、保育者自身が楽しみながら試し、少し待って様子を見ましょう。子どもたちも興味をもって一緒に試してみるかも。子どもの気づきを大切にしたいですね。

冬ならではの物を探してみよう

季節を楽しむあそび

春 夏 秋 冬

いつものよく知っている場所だから、その変化に気づきやすいということもあります。
霜で真っ白なベンチや、日の当たる場所と日陰の違いなど、
園庭や散歩するいつもの公園などを探検して、寒い季節ならではの物を探してみよう！

霜を見つけよう

てつぼう しろい

きらきらしてる〜

つめたい！

触ったら手についた……って思ってるのかな？

暖かい所と寒い所

こうちゃん、こっち来てみて！

さむ〜い

あったか〜い

しっぽ取りあそび

紙テープをお尻にくっつけてしっぽを作り、取られないように逃げながら、
友達のテープを取りに行くというゲームです。年齢に合わせてアレンジしましょう。
寒い冬、夢中になってあそぶうちに体がぽかぽかに温まります。
十分に広いスペースで行いましょう。

0 歳児
「おいでおいで」あそび

おいでおいで〜

ずりばいやはいはいの子どもには、目の前で
紙テープを揺らして、おいでおいでと声をか
けてみよう。

こっちこっち

1 歳児
「こっちこっち」あそび

保育者がお尻にしっぽを付
けて、子どもたちに取っても
らいます。

2 歳児
「まてまて」あそび

子ども同士でしっぽ取りを楽しみます。
おかわりのしっぽを用意して、取られて
も何度でもあそべるようにすることで、
安心してあそべます。

まてまて〜

ちょ〜だい！

こっち〜!!

107

おにごっこであそぼう

部屋の中で手軽にあったかくなれるあそびです。
①マスキングテープなどを使って床に3つの家を作ります。
②保育者が「〇〇に引っ越し！」と言ったら指定された家に移ります。
その間、保育者は「まてまて〜」と追いかけます。

きゃ〜

丸に引っ越し〜

配慮ポイント

冷たい！ 寒い！ 温かい！
子どもたちが冬を感じる姿を受け止めて、保育者も一緒に楽しもう

　だんだん寒くなると、子どもたちは冷たい！ 寒い！ をどんなふうに感じるのかな？ 子どもたちの、冬を感じる姿を受け止めて、一緒に楽しめるといいでしょう。また、寒くても体を動かしていると、いつの間にか温かくなってきます。あそんでいるうちに、気づいていけるといいですね！ 寒い外に出て息が白くなったり、外が寒くて中が暖かだと窓ガラスが白く曇ったり。それに気づいたら、子どもたちはどんなことをするのかな？ 楽しみですね。

いつもと ちょっと違う散歩

年度末、ぽかぽかとお天気のいい日には「大きくなったから、お兄さんたちと散歩に行けるね」
「大きくなったから、ちょっと遠回りしていこうか」と、
ちょっと特別な散歩を楽しんでみましょう。

お兄ちゃん、お姉ちゃんと散歩、うれしいね。

は〜い！

お兄さん、お姉さんと散歩

事前にお願いしておいて、大きい組の子どもたちと一緒に散歩に出掛けましょう。お兄さん、お姉さんと手をつなぐのはちょっとドキドキするけれど、いつもの道もちょっと新鮮に感じられます。

配慮ポイント

大きい子との手つなぎは無理強いしないで！

子どもによっては、大きい子と手をつなぐことに緊張してドキドキしてしまう子もいます。そんなときは、無理強いせず、保育者が手をつなぐようにしましょう。

ちょっと遠回り！

いつもと、曲がる道をちょっと変えるだけで、散歩で見られる景色も、出会う物も変わってきます。お散歩車で移動する0歳児クラスでも試してみてください。

何があるかな？

いつもは、こっちに行くけど、今日はまっすぐ行ってみようか？

うん

うん、いいね

いく〜！

わあ、タンポポがいっぱ〜い！

※道を変える場合は事前に下見をし、危険な箇所がないか確認しましょう。

「大きくなった」を探そう

年度末の子どもたち、日常の中にもちょっとした「大きくなった」がいっぱい。
いろいろな「大きくなった」を探して、
子どもたちに「大きくなったね！」と、たくさん言葉にして伝えましょう。

だっこして

重たく
なったね～

おんぶして

うわ～、
重たくなったあ～！

比べっこして

手、大きくなったね～

大きく
なった～！

足も比べよう、
大きくなったかな？

お散歩車を押して

うわ～、
みんな大きくなったから、
重たくなったなあ～！

大きい丸、
できるかな

うわ～、
上手に
丸になったね！

小さい丸も
できたね！

手をつないで輪になって

110

春の野原作りで卒園・入園の装飾をお手伝い

スポンジを切った物やローラーで、模造紙に絵の具を塗ってあそびます。
グリーン系の色を何色か作って、トレーや缶のふたなどに出しておくと、
だんだん色が混ざってすてきな感じになりますよ。
乾いたら切ってつなげて野原のベースに。
大きい子が作った花やチョウチョウをはってもいいですね。

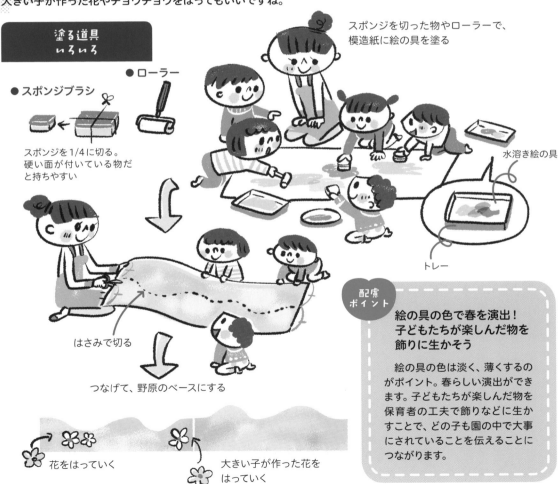

塗る道具いろいろ

● ローラー

● スポンジブラシ

スポンジを1/4に切る。
硬い面が付いている物だ
と持ちやすい

スポンジを切った物やローラーで、
模造紙に絵の具を塗る

水溶き絵の具

トレー

はさみで切る

つなげて、野原のベースにする

花をはっていく

大きい子が作った花を
はっていく

配慮ポイント

絵の具の色で春を演出！子どもたちが楽しんだ物を飾りに生かそう

絵の具の色は淡く、薄くするの
がポイント。春らしい演出ができ
ます。子どもたちが楽しんだ物を
保育者の工夫で飾りなどに生か
すことで、どの子も園の中で大事
にされていることを伝えることに
つながります。

安井素子（やすい もとこ）
公立保育園に保育士として勤めるかたわら、雑誌等の執筆を手がける。保育園園長、児童センター館長を経て、現在は養成校で非常勤講師として未来の保育者を育てながら、保育情報誌、書籍などの執筆活動、保育者向け講習会の講師等で多忙な日々を送る。著書に『子どもが教えてくれました ほんとうの本のおもしろさ』（偕成社）など。

高崎温美（たかさき はるみ）
保育園に勤務するかたわら、「あそび工房らいおんバス」のメンバーとして子どもに寄り添ったあそびを保育情報誌や、『あそびなんでも大百科』（U-CAN）などの書籍で数多く発表、執筆を続けている。現在、ひだまり保育園（東京都世田谷区）の保育士として、園の保育を改革中。その実践は『「語り合い」で保育が変わる』（学研）で紹介されている。

浦中こういち（うらなか こういち）
保育士として保育園に9年間勤務の後、あそび作家、絵本作家として活躍中。全国各地であそびのワークショップ、研修会などを行う。絵本『バナナをもって』（クレヨンハウス）、「スケッチブック・シアター」シリーズ（かもがわ出版）、『1年中作れる！ 0〜5歳児の製作・造形あそび』（ナツメ社）などがある。

Staff

表紙・カバーデザイン・イラスト／長谷川由美
本文デザイン／内藤正比呂
本文イラスト／やまざきかおり　わたいしおり
撮影／GOOD MORNING（戸高康博　櫻井紀子）　冨樫東正　山中優
協力／宮川保育園（三重県多気郡）
モデル／クラージュ・キッズ（岩本よつ葉　小林武嗣　髙宮一平　美島幸姫　室野慶心）
編集制作／リボングラス（若尾さや子　加藤めぐみ　篠崎頼子）
校閲／草樹社